Albert Biesinger · Helga Kohler-Spiegel · Simone Hiller

Was bringt's, an Gott zu glauben?

Was bringt's, an Gott zu glauben?

Kinder fragen – Forscherinnen und Forscher antworten

Herausgegeben von
Albert Biesinger, Helga Kohler-Spiegel und Simone Hiller

Mit Illustrationen von
Mascha Greune

KÖSEL

Aus Gründen der leichteren Lesbarkeit konnte eine gendergerechte Schreibweise nicht durchgängig eingehalten werden. Bei der Verwendung entsprechender geschlechtsspezifischer Begriffe sind im Sinne der Gleichbehandlung jedoch ausdrücklich alle Geschlechter angesprochen.

MIX
Papier aus verantwortungsvollen Quellen
FSC® C084279

Penguin Random House Verlagsgruppe FSC® N001967

in der Penguin Random House Verlagsgruppe GmbH,
Neumarkter Str. 28, 81673 München
Umschlag: zero-media.net, München
Umschlagmotiv: Mascha Greune
Hintergrundabbildung S. 139–143: Khusnul/stock.adobe.com (Wiese)
Satz: Uhl + Massopust, Aalen
Druck und Bindung: Print Consult GmbH, München
Printed in Slovakia
ISBN 978-3-466-37308-6

www.koesel.de

Inhalt

Vorwort

Viele Menschen beschäftigen sich mit Gott, Religion und Glaube. Sie stellen Fragen, stellen manches auch infrage, sie denken darüber nach. Frei sein bedeutet auch, dass sich Menschen ihre eigenen Gedanken über Gott und Glauben machen dürfen.

Dieses Buch lädt ein, solchen Fragen nachzugehen. Meist sind dies schwierige Fragen, auf die es nicht nur eine Antwort gibt. Solche Denk-Fragen haben Menschen seit Jahrhunderten beschäftigt und tun es noch heute. Vielleicht sind diese Fragen gerade heute spannender als je zuvor, denn häufig sind wir »modernen« Menschen der Meinung, wir wüssten längst alles und bräuchten diese »alten« Fragen nicht mehr.

Wie ist das also mit Gott und Glaube? Braucht's das noch? Was bringt's?

In der Schule kannst du dich fragen: Was bringen »Reli« oder Ethik? Und daheim: Hat die Frage nach Gott denn etwas mit meinem Hund oder meiner Katze zu tun? Ist Glaube etwas, was einfach so entsteht? Oder muss man ihn trainieren, so wie man auch Klavier übt oder ins Fußballtraining geht?

Es gibt aber auch die sogenannten »großen« Fragen im Leben: Wie verstehen wir das Universum? Hat in einem solchen Nachdenken die Frage nach Gott einen Platz? Ist es überhaupt klug, an Gott zu glauben? Oder eher nicht?

Und was ist mit Gott und Glaube, wenn es so richtig dunkel wird im Leben? Wenn Menschen leiden oder in Not sind. Macht sich Gott dann aus dem Staub? Ginge es ohne Gott nicht vielleicht sogar besser? Und überhaupt: Wie sieht Gott eigentlich aus? Wenn wir uns unsere eigenen

Bilder von Gott machen – ist das hilfreich oder einschränkend? Woher kommen solche Bilder von Gott? Ist Gott ein Mann oder eine Frau oder divers oder nochmals anders?

Vielleicht hast du dich auch schon einmal gefragt, warum Menschen in Kirchen, Synagogen oder Moscheen gehen? Und was sie dort genau machen? Warum eigentlich helfen manche Menschen einfach so? Macht der Glaube an Gott gesünder und ausgeglichener? Kann man Gott spüren oder fühlen, dass er da ist? Und wie funktioniert das mit dem Beten, wozu ist das gut? Was sind wichtige Überlegungen für Menschen, die nicht an Gott glauben? Und wie verständigen sie sich mit denen, in deren Leben Gott eine ganz prägende Rolle spielt? Hat Gott auch eine Religion, und wenn ja, welche ist das und warum gerade diese? Warum, ja, warum ist es überhaupt sinnvoll, immer wieder über das große Warum nachzudenken?

In diesem weiteren Buch unserer viel gelesenen Reihe »Kinder fragen – Forscherinnen und Forscher antworten« geht es um wichtige Fragen, weite Horizonte und viel Freiheit. Freiheit zum Nachdenken, aber vor allem zum Selberdenken. Freiheit zum Reden und miteinander Austauschen, Freiheit, die eigenen Antworten zu finden. Kinder, Jugendliche und Erwachsene können in diesem Buch – so hoffen wir – vielfältige Anregungen dafür finden.

Wir wünschen viel Spaß beim Lesen und Denken und freuen uns, wenn wir viele Rückmeldungen von euch Leserinnen und Lesern bekommen, denn auch wir wollen weiter über diese Fragen nachdenken. Am einfachsten ist es, wenn ihr euch dazu an den Verlag wendet: info@koesel.de

Albert Biesinger,
Helga Kohler-Spiegel & Simone Hiller

Friedrich Schweitzer

Was bringen »Reli« oder »Ethik« in der Schule?

Wen fragt man am besten, wenn man wissen will, was »Reli« oder »Ethik« in der Schule bringen? Ich frage am liebsten die Kinder selbst, weil die es ja am besten wissen müssen. Schließlich gehen sie jeden Tag in die Schule. Aber oft wollen Kinder auch wissen, was die Erwachsenen denken. Vor allem die Eltern. Deshalb sollen hier auch die Eltern zu Wort kommen.

In fast allen Grundschulen gibt es »Reli« oder eben Religionsunterricht, wie er eigentlich heißt. »Ethik« oder Ethikunterricht gibt es in der Grundschule nur selten. Deshalb lässt sich leichter sagen, was »Reli« bringt, aber vieles gilt auch für »Ethik«. Denn beide Fächer sind sich ähnlich, aber es gibt doch einen wichtigen Unterschied: In »Reli« geht es um die Frage nach Gott. Im Ethikunterricht wird darüber gesprochen, wie Menschen am besten zusammenleben können.

Was Kinder dazu meinen

Wenn man wissen will, was Kinder meinen, muss man sie fragen. Von der Wissenschaft wurden deshalb immer wieder Fragebögen an die Kinder verteilt. Die Kinder konnten dann verschiedene Antworten ankreuzen oder auch selbst aufschreiben, was ihnen wichtig ist.

Die meisten Kinder waren sich einig: Sie gehen gerne in den Religionsunterricht! Besonders gerne tun sie das, wenn der Unterricht spannend und abwechslungsreich ist. Ein Teil der Kinder gab sogar an, dass »Reli« ihr Lieblingsfach sei.

»Reli« macht also Spaß! Das stimmt natürlich nicht in jedem Fall. In der Schule ist es immer auch mal langweilig. Manche Kinder schrieben auch, dass sie mit ihrer Lehrerin oder ihrem Lehrer in »Reli« nicht zufrieden sind. Offenbar kann man da auch Pech haben, aber das gilt natürlich für alle Fächer in der Schule.

Aber was genau »bringt« der Religionsunterricht den Kindern? Auf ihren Fragebögen haben die Kinder viele Dinge angekreuzt oder aufgeschrieben. Ganz toll finden die meisten Kinder vor allem die Geschichten, die im Religionsunterricht erzählt oder vorgelesen werden. Anderen Kindern ist es wichtig, dass in »Reli« gesungen oder Musik gehört wird, gemalt und gebastelt. Auch schöne Bilder gebe es dort oft zu sehen. Man lernt Gebete kennen, und manchmal probiert man auch aus, wie das ist, gemeinsam ein Gebet zu sprechen.

Offenbar finden die meisten Kinder auch interessant, wer dieser Jesus war, von dem so oft gesprochen wird. Was war das für ein Mensch? Wie hat er gelebt? Warum ist er vielen Menschen bis heute so wichtig?

Solche Fragen stellen nicht nur christliche Kinder. Auch beispielsweise für muslimische Kinder ist es wichtig, etwas über das Christentum zu wissen. Umgekehrt sollen sich auch christliche Kinder mit dem Islam auskennen. Warum beispielsweise verehren muslimische Menschen den Propheten Muhammad? Und feiern sie auch Weihnachten oder Ostern?

Noch einmal schöner ist es in »Reli«, wenn es beispielsweise auf Weihnachten zugeht, also im Advent. Dann brennen im Religionsunterricht vielleicht Kerzen. Und es werden Weihnachtslieder gesungen oder sogar Kekse gegessen.

Was lernt man eigentlich im Religionsunterricht?

Bei manchen Fächern in der Schule weiß jeder, was da gelernt werden kann. Das gilt beispielsweise für Deutsch oder Mathe. Bei manchen Fächern geht es aber auch einfach darum, etwas Neues kennenzulernen oder gemeinsam zu tun, zum Beispiel Sport treiben oder Musik machen. Und in »Reli« und »Ethik«?

Viele Kinder sagen, dass es in »Reli« oft um richtig spannende Fragen geht: Wer oder was ist das eigentlich – Gott? Gibt es Gott in echt? Ist Jesus auch ein Gott? Glauben alle Menschen an denselben Gott? Wie ist die Welt entstanden? Hat Gott die Welt gemacht? Und auch die Menschen?

Bei diesen Fragen gibt es oft nicht nur eine einzige »richtige« oder »falsche« Antwort. Viel wichtiger ist es, über solche Fragen einmal genauer nachzudenken – am besten gemeinsam mit anderen Kindern.

Alle diese Fragen sind für Kinder spannend – und auch für viele Erwachsene. Es ist gut, wenn es in der Schule die Möglichkeit gibt, mit anderen darüber zu sprechen. Manchmal ist das ganz besonders wichtig. Wenn Menschen krank werden, verletzt sind oder sterben, ist das meistens traurig. Neue Krankheiten sind bedrohlich und Kriege machen Angst. In »Reli« oder »Ethik« kann man seine Sorgen und Gefühle mit anderen teilen. Das tut meistens allen gut.

Auch Lieder und Gebete können dann besonders wichtig sein. Manche

Menschen berichten, dass sie nach einem Gebet weniger traurig sind. Dafür gibt es sogar ein eigenes Wort: trösten und getröstet werden oder eben Trost. In »Reli« und »Ethik« lernen Kinder Möglichkeiten kennen, wo sie Trost finden können.

»Reli« und »Ethik« sind zugleich die einzigen Fächer in der Schule, in denen man etwas über andere Religionen erfährt. Auch das finden viele Kinder spannend. In fast jeder Schule und fast jeder Klasse gibt es heute ja Kinder, die anderen Religionen angehören. Nicht wenige Kinder sagen auch, dass sie »nichts« sind, weil sie keiner Religion angehören. Für alle Kinder ist es interessant zu erfahren, wie andere die großen Feste feiern: Gibt es auch bei jüdischen oder muslimischen Familien Geschenke? Und an Weihnachten einen geschmückten Baum? Was macht man eigentlich in einer Familie, bei der die Eltern verschiedenen Religionen angehören? Und was feiert man, wenn man keiner Religion angehört?

So lernt man andere Religionen kennen und versteht, woran verschiedene Menschen glauben. Das kann auch verhindern, dass es zu Streit und Missverständnissen kommt. Frieden zwischen den Religionen ist ein wichtiges Ziel in »Reli« und »Ethik«.

Weil alle diese Fragen interessant und wichtig sind, besuchen viele Kinder den Religionsunterricht gerne. Wenn Kinder so viel Gutes über ihren Religionsunterricht oder auch über ihren Ethikunterricht berichten, dann ist eigentlich klar, dass es einen solchen Unterricht in der Schule geben muss. Trotzdem denken nicht alle so, weder alle Kinder noch alle Erwachsenen. Auch dazu muss noch etwas gesagt werden. Aber zuerst soll es um die Eltern gehen.

Was die Eltern meinen

Warum schicken Eltern ihre Kinder in »Reli« oder »Ethik«? Auch die Eltern hat man dazu schon befragt. Sie finden es natürlich wichtig, wenn ihre Kinder diesen Unterricht mögen. Sie haben aber auch ihre eigenen Gründe, warum sie ihr Kind in einen solchen Unterricht schicken.

Viele Eltern wünschen sich, dass ihre Kinder in der Schule nicht nur lesen, schreiben und rechnen lernen. Auch wenn das sehr wichtig ist, meinen die meisten Eltern, dass Kinder auch noch mehr lernen müssen. Zum Beispiel wie man sich anderen gegenüber verhalten soll. Kinder sprechen schon früh davon, dass sie etwas »nicht fair« finden. Vor allem wollen sie selbst nicht unfair behandelt werden, und sie wissen, dass man auch zu anderen nicht unfair sein soll. Ebenso wichtig ist es, einander zu helfen und andere nicht im Stich zu lassen, besonders wenn es ihnen nicht gut geht. Und überhaupt: Fühlt es sich nicht einfach wunderbar an, wenn andere zu einem richtig lieb sind?

Nach Auffassung der Eltern gibt es in der Schule kein anderes Fach, in dem man über solche Fragen nachdenken kann und auch etwas für das eigene Verhalten lernt. Nur in »Reli« oder »Ethik« kümmert man sich darum. Eltern sprechen dann oft von »Werten«, die im Leben wichtig sind. Aber das ist ein schwieriges Wort, das man sich als Kind noch nicht merken muss. Es ist trotzdem gut, wenn man weiß, woran die Erwachsenen dabei denken.

Für die Eltern ist aber noch etwas anderes wichtig. Nicht alle Kinder in der Schule sind immer froh und glücklich. In manchen Familien gibt es zum Beispiel häufig Streit. Von Ängsten, die von Krankheit oder Krieg ausgelöst werden, haben wir schon gesprochen. Daher wünschen sich Eltern, dass Kinder etwas darüber erfahren, wo sie Hilfe, Trost oder Unterstützung finden können. Deshalb sei »Reli« so wichtig. Manche drücken es auch so aus, dass es in der Schule auch Fächer braucht, in denen es nicht auf die Noten ankommt. Tatsächlich sollen alle Kinder im Religionsunterricht spüren, dass sie hier wirklich willkommen sind.

Aber manche sagen doch, dass man »Reli« heute gar nicht mehr braucht

Das stimmt. Es gibt Menschen, die nichts von »Reli« halten. Manche Erwachsene wollen das Fach sogar abschaffen. Denn dann hätten die Kinder in der Schule doch mehr Zeit, um lesen, schreiben und rechnen zu lernen. Aber wäre das auch für die Kinder gut? Und wünschen sich die Kinder wirklich eine Schule, in der es tagein, tagaus, Stunde für Stunde nur um Lesen, Schreiben und Rechnen geht?

Andere sagen, dass heute doch gar nicht mehr alle einer Kirche angehören. Auch das ist richtig. Warum dann noch »Reli«? Am Religionsunterricht dürfen alle Kinder teilnehmen, die dies wollen und deren Eltern damit einverstanden sind. Denn Religionsunterricht kann man nicht nur dann interessant finden, wenn man selbst einer Kirche oder einer anderen Religion angehört. Für manche Kinder ist »Reli« überhaupt die einzige Möglichkeit, etwas über Religion und Religionen zu erfahren und zum Beispiel darüber nachzudenken, ob es Gott wirklich gibt oder nicht. Deshalb wollen gerade manche Eltern, die keiner Religion angehören, dass ihre Kinder am Religionsunterricht teilnehmen. Schließlich müssen alle Kinder lernen, sich in der Welt auszukennen.

Niemand wird gezwungen, den Religionsunterricht zu besuchen. Wo es beide Fächer gibt, »Reli« und »Ethik«, kann man sogar auswählen. Allerdings entscheiden das bei Kindern meistens noch die Eltern, aber später darf man dann selbst entscheiden.

Auch so kann man »Reli« und »Ethik« verstehen: Kinder können selbst herausfinden, was sie interessant finden und was nicht. Dann können sie auch selbst sehen, was »Reli« und »Ethik« in der Schule bringen.

ZUM WEITERDENKEN UND WEITERFRAGEN:

- Stell dir eine Schule ohne »Reli« und »Ethik« vor: Würde dir dann etwas fehlen? Warum oder warum nicht?
- Was meinst du – gibt es Gott in echt? Wie kann man das herausfinden?
- Was bedeutet eigentlich das Ramadan-Fest? Wer feiert das und was wird da gefeiert?
- Was bedeutet eigentlich das Pfingstfest? Wer feiert das und was wird da gefeiert?

Dominik Blum

Was hat Gott mit meinem Hund zu tun?

Die Sonne schien hell in unseren Garten, damals im Herbst. Meine Tochter Rabea und ich saßen auf der Wiese und freuten uns an dem schönen Nachmittag. Im Gras neben uns lag der große braune Hund Charlie. Sein Fell war warm und glänzte wie flüssige Schokolade. Er schnarchte leise und träumte, denn seine Läufe – so nennt man die Hundebeine – zitterten. Ab und zu blinzelte Charlie und schnaufte laut. Rabea und ich beobachteten ihn und grinsten uns an. Und plötzlich sagte Rabea zu mir: »Gott kann so schöne Hunde machen!« Über diesen Satz denke ich bis heute nach. Hat Rabea recht? Hat Gott tatsächlich auch mit den Tieren zu tun?

Da staunst du!

Wir haben oft gestaunt über unseren schönen Hund Charlie: über sein glänzendes Fell, seine Kraft beim Herumtollen und Zutraulichkeit uns Menschen gegenüber. Und darüber, wie er sich im Traum bewegt, fast als ob er laufen würde. Das Staunen, so sagen viele kluge Leute, ist der Anfang von allem Nachdenken, Forschen und Lernen. Und darüber, was Tiere sind und können, kannst du nur staunen.

Stell dir vor: Die Fäden, aus denen eine Spinne ihr Netz baut, sind dünner als ein Haar auf deinem Kopf, so dehnbar wie ein Gummiband und stabiler als ein Faden aus Stahl, der genauso dünn ist. Das Spinnennetz kann dicke, schwere Wassertropfen tragen und reißt auch dann nicht, wenn ein großes Insekt hineinfliegt. Und außerdem glitzert es in der Morgensonne, als ob es aus vielen kleinen Edelsteinen gemacht wäre. Wirklich erstaunlich!

Oder hast du schon etwas von der Bienenelfe oder Kubaelfe gehört, dem kleinsten Vogel der Welt? Man nennt dieses winzige Vöglein auch Hummelkolibri, weil es nicht größer als eine dicke Hummel ist und weniger als zwei Gramm wiegt. Weißt du, wie oft dein Herz in der Minute schlägt? Bei Kindern, die in der Grundschule sind, ungefähr 100 Mal. Das Herz dieses kleinen Vogels schlägt fast 500 Mal pro Minute. Noch schneller schlagen seine Flügel, wenn er den Blütensaft aus einer Blume saugt: 90 Mal – in der Sekunde!

Ein sehr großer Vogel ist dagegen der Rosapelikan. Mit seinem riesigen gelben Schnabel sieht er richtig witzig aus. Wenn er seine Flügel ausspannt, sind die fast so breit, wie das Sprungbrett im Schwimmbad hoch ist, nämlich drei Meter. Der Rosapelikan kann 15 Kilogramm wiegen, so viel wie 150 Tafeln Schokolade. Und trotzdem fliegt er im Winter den langen Weg von Europa, wo es ihm zu kalt ist, in die Sonne nach Afrika.

Wo wir schon über große Tiere sprechen – dass der Blauwal das größte Tier der Welt ist, wusstest du vielleicht. Mit 30 Metern kann dieser Meeresriese länger sein als die längsten Lkw mit Anhänger, die auf der Autobahn fahren. Und der Blauwal wiegt mehr als fünf dieser Lkw, unglaubliche 200 Tonnen. Sein Herz ist so groß wie ein kleines Auto und 600 Kilogramm schwer, wiegt also so viel wie eine Kuh.

Diese Rekorde aus dem Tierreich sind besonders erstaunlich. Du triffst zwar selten einen Blauwal, aber auch in deinem Dorf oder deiner Stadt kannst du Tiere entdecken, die schön sind und besondere Fähigkeiten haben: das rote Eichhörnchen im Park, das so leicht und flink von Ast zu Ast springt und dabei noch die Haselnuss im Maul festhält. Den Vogel, den du auf dem Weg zur Schule gar nicht siehst, der aber im Baum so wunderschön singt, dass du froh im Herzen wirst. Oder die Ameise, die du beim Waldspaziergang entdeckst und die ein Blatt auf dem Rücken schleppt, viel größer als sie selbst. Halt die Augen offen!

Wenn du über die Tiere staunst, dann heißt das: Was du siehst und beobachtest, ist nicht selbstverständlich für dich. Du fängst an zu fragen: Wie kommt das? Warum ist das so? Wie kann das sein? Oder du bist sogar begeistert und freust dich über den Vogel, einen Fisch oder den bunten Schmetterling. Und du entdeckst plötzlich im Herzen eine Zuneigung zu diesem anderen Lebewesen, eine Verbindung. Du merkst, du hast eine Beziehung zu Tieren. Du möchtest dich mehr mit den Tieren beschäftigen oder sogar mit ihnen zusammenleben. Vielleicht hast du ein Haustier, eine Katze oder einen Hamster. Dann weißt du schon, wie sich das anfühlt.

Mit Tieren in Beziehung leben

Lange haben die Menschen geglaubt, dass sie selbst die wichtigsten Lebewesen auf der Welt sind. Dieses egoistische Denken wird mit einem komplizierten Wort beschrieben: Speziesismus. Eine Spezies ist eine Art von Lebewesen. Und der Speziesismus ist davon überzeugt, dass eine bestimmte Art – der Mensch – immer im Mittelpunkt steht und den anderen Arten überlegen ist. Dazu haben leider auch die Religionen viel beigetragen. Aus alten religiösen Texten haben die Menschen herausgelesen: »Ihr Menschen seid die Krone der Schöpfung. Gott hat das wichtigste Verhältnis auf der Welt zu euch. Die Tiere sind wie die ganze Natur vor allem dazu da, damit ihr gut leben könnt. Also dürft ihr Menschen alle anderen Lebewesen beherrschen.« Dabei steht vieles davon so gar nicht wörtlich in den religiösen Texten und ist nur Interpretation, also Auslegung der Menschen.

Du kennst vielleicht den Begriff »Nutztier«, der zuerst gar nicht so übel klingt, denn natürlich helfen uns viele Tiere: Zum Beispiel leben Menschen und Katzen friedlich beisammen, und dort, wo wir unser Korn aufbewahren, kann die Katze Mäuse fangen, sodass die nicht das Korn wegknabbern. Kühe geben Milch und Hühner legen Eier, was in der Vergangenheit schon für viele Menschen die Lebensgrundlage gesichert hat, denn genau wie die Tiere brauchen auch wir Nahrung.

Aber wir Menschen haben es übertrieben und nutzen die Tiere nicht nur, sondern nutzen sie aus. In »Nutztier« wird so die Position des Speziesismus deutlich. Der Begriff sagt aus, dass die Tiere keinen eigenen Wert haben, sondern nur einen Nutzen für den Menschen. Sie müssen für ihn arbeiten (die Hühner, die Eier legen, aber kein Tageslicht sehen), sie werden geboren und getötet, nur damit der Mensch essen kann (z. B. die Schweine, die im Stall besonders dick werden müssen), sie müssen mit ihm Sport treiben (wie etwa durchdressierte Reitpferde) und seine Freizeit verschönern (die Singvögel im Käfig oder Fische im Aquarium).

Der Mensch beansprucht auch immer mehr Platz zum Wohnen und Wirtschaften für sich und zerstört dabei die Umwelt. Mit dem Ergebnis, dass beispielsweise Wildtiere keinen eigenen Lebensraum mehr haben. Im Regenwald in Südamerika sehen wir das etwa. Weltweit ist deshalb sogar ein Viertel aller Säugetierarten heute vom Aussterben bedroht.

Auch Menschen, die an Gott glauben, haben im Umgang mit Tieren lange einiges falsch gemacht. Und doch geben die Religionen Antworten auf die Fragen nach einer guten Beziehung zwischen Tier und Mensch. Manche Tiere galten wegen ihrer Schönheit oder ihrer Fähigkeiten in verschiedenen Religionen als heilige Zeichen für Gott und wurden sehr verehrt: der Stier und der Adler etwa oder die Katze und die Schlange, der Affe und der Jaguar. In vielen heiligen Schriften ist die Rede davon, dass Gott alles auf der Welt gemacht hat, dass er der Schöpfer von Himmel und Erde, von Pflanzen und Tieren und den Menschen ist. Die Bibel, das heilige Buch der Jüdinnen und Juden und der Christ:innen, spricht davon, wie Gott die Tiere und den Menschen erschaffen hat und beide sehr gut findet. Der Mensch und die Tiere sind Partner und die Tiere bekommen ihre Namen vom Menschen (Buch Genesis, Kapitel 1 und 2). In allen Religionen gibt es besondere Leute, die Wert auf eine freundschaftliche, friedliche Beziehung zu den Tieren legen. Der heilige Franziskus von Assisi (1181–1226) war mit ganz unterschiedlichen Tieren befreundet. Er

hat mit den Vögeln über Gott gesprochen und war davon überzeugt, dass sie so wunderschön singen, um Gott eine Freude zu machen. Und Mahatma Ghandi (1869–1948), ein hinduistischer Gelehrter, der sich sehr für den Frieden in Südafrika und seiner Heimat Indien engagiert hat, schrieb über Menschen und Tiere: »Die Größe und den moralischen Fortschritt einer Nation kann man daran messen, wie sie ihre Tiere behandelt.«

Heute denken Menschen aus vielen Religionen darüber nach, wie sie gut mit allen Tieren zusammenleben können. Sie sind davon überzeugt: Wer die Tiere liebt und schützt, wird erst wirklich ein Mensch. Oder: Eigentlich sind nicht die Tiere für den Menschen da, sondern der Mensch für die Tiere.

Ist Gott auch für die Tiere da?

Vielleicht denkst du dir jetzt: Ich kann doch auch Tiere gern haben und sie schützen, ohne sie mit Gott in Verbindung zu bringen oder an Gott zu glauben. Damit hast du auf jeden Fall recht, das tun ja auch viele Menschen. Aber wie wäre es, wenn du Gott als Freund und Beschützer der Tiere auf deiner Seite hättest?

Menschen, die an Gott glauben, sind davon überzeugt, dass er die Welt geschaffen hat und alles, was auf ihr lebt. Jüdinnen und Juden, Christ:innen und Muslim:innen nennen ihren Gott deshalb den »Schöpfer«. Und sie vertrauen darauf, dass Gott sich immer um seine Schöpfung kümmert. Im Koran, dem heiligen Buch der Muslime, steht dazu: »Und es gibt kein Geschöpf auf der Erde, dessen Versorgung nicht Allah obläge. Und er kennt seinen Aufenthaltsort und seine Heimstatt.« (Sure Hûd, 11:6) Jesus, der für die Christ:innen der wichtigste Erzähler von Gott ist, hat dafür ein besonders gutes Beispiel. Er sagt den Leuten: »Verkauft man nicht fünf Spatzen für zwei Cent? Und doch ist nicht einer von ihnen vor Gott vergessen. Bei euch aber sind sogar die Haare auf dem Kopf alle gezählt.« (Lukasevangelium, Kapitel 12, Verse 6 und 7) Gott kennt also beide: die Menschen und die Tiere gut und hat sie gern.

Gott will alle Lebewesen schützen – und empfiehlt das auch den Menschen. Sie sollen, so schreibt es die Bibel, für die Fische, die Vögel und die Tiere, die auf der Erde kriechen, gute Verwalter sein. (Buch Genesis, Kapitel 1, Vers 28) Die östlichen Religionen, der Hinduismus und der Buddhismus, haben dafür einen eigenen Namen: Ahimsa. Wenn du einen Regenwurm von der Straße aufhebst, damit er nicht überfahren wird, oder wenn du darauf verzichtest, heute Fleisch zu essen, dann beachtest du Ahimsa. Denn Ahimsa bedeutet, sich konsequent zu bemühen, kein anderes Lebewesen zu verletzen oder ihm Gewalt anzutun, weil Gott selbst mit seiner Heiligkeit in jedem Lebewesen wohnt.

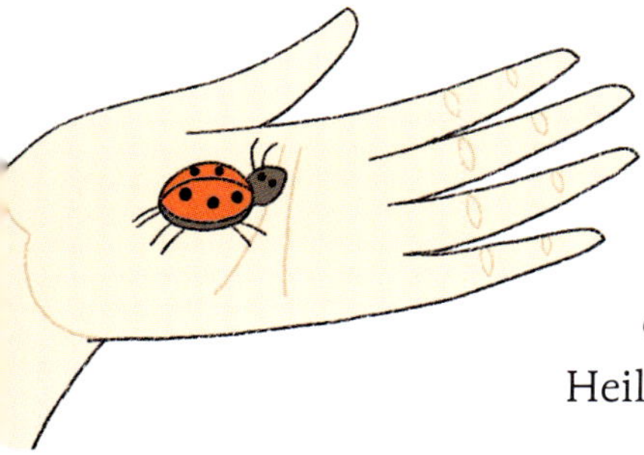

Kommen Tiere in den Himmel?

Wenn alle Menschen so leben würden im Umgang miteinander und den Tieren, dann wäre die Welt besser als jetzt, glaube ich. Und so wie Gott selbst sie sich wünscht. Er will nämlich kein Leid für seine Geschöpfe. Und auch nicht ihren Tod. Deshalb fragen Tierfreunde sich, ob denn auch Hunde, Katzen und andere Tiere in den Himmel kommen können.

In verschiedenen Religionen glauben Menschen fest daran, dass es eines Tages eine neue Erde gibt, in der es für alle gut und gerecht zugeht, so wie Gott es will. Diese neue Erde nennen die Christ:innen den Himmel. Wenn Gott beide gern hat, Mensch und Tier, dann gelangen dorthin alle Lebewesen aus Gottes Schöpfung. Alle, die er liebt: du und ich, mein Hund und dein Kaninchen.

»Was hat Gott mit meinem Hund zu tun?« Diese Frage würde ich so beantworten: Gott kennt meinen Hund und dein Meerschweinchen und alle Vögel in allen Gärten und Parks. Er hat alle Tiere lieb – so wie die Menschen – und möchte, dass es ihnen gemeinsam gut geht.

ZUM WEITERDENKEN UND WEITERFRAGEN:

- Achte einen Tag lang darauf, wo du überall Tiere sehen kannst. Fang zu Hause an, dann im Garten und im Park. Und besuch doch mit Freund:innen oder deiner Familie einen Tiergarten oder den Zoo.
- Kannst du ausrechnen, wie oft die Flügel der kleinen Kubaelfe in der Minute schlagen?
- Such im Internet oder im Guinness-Buch der Rekorde nach erstaunlichen Dingen aus der Tierwelt. Du wirst dich wundern, was es da alles gibt.
- Vielleicht hast du Lust, in einem kleinen Büchlein deine eigenen »Ahimsa-Geschichten« zu sammeln. Wo, wie und wann hast du einem Tier geholfen?
- Frag doch mal die Pfleger:innen im Tierheim in deiner Nähe, was gerade gebraucht wird. Das könntest du mit deiner Schulklasse besorgen und dort abgeben.
- Für schlaue Bibelforscher: Die Psalmen sind sehr alte Gebete in der Bibel. Darin kommen viele Tiere vor. Lies die Psalmen mit den Nummern 8 und 104. Findest du den Klippdachs?

Teresa Schweighofer

Kann man Glauben trainieren?

Meine Neffen Jakob und Maximilian gehen zweimal pro Woche zum Fußballtraining. Manchmal spielen sie am Wochenende bei einem Turnier mit. Es macht ihnen großen Spaß, und es vergeht kein Tag, an dem sie nicht mit dem Fußball spielen. Jakob bereitet sich gerade auf seine Erstkommunion vor. Neulich hat er mir davon erzählt, und dabei haben wir bemerkt, dass Fußballtraining und die Vorbereitung auf die Erstkommunion manche Ähnlichkeiten haben: Man trifft sich regelmäßig in einer Gruppe, man konzentriert sich auf eine gemeinsame Sache und lernt etwas dazu. Manches davon macht Spaß, anderes weniger. Und meistens haben Jakob und seine Freunde im Anschluss an die Erstkommunion-Treffen auch noch ein bisschen Zeit zum Kicken. Aber kann man Glauben eigentlich üben, wie ein Instrument? Kann man ihn trainieren, wie zum Beispiel Fußball?

Vorbilder und Trainer

Menschen lernen von anderen Menschen. Das ist bei Erwachsenen so, aber auch bei Kindern. Wenn Erwachsene etwas Neues lernen wollen, dann beobachten sie, wie es andere machen, und probieren es anschließend selber aus.

Kinder machen das genauso. Bestimmt hast du dir schon mal von deinen Geschwistern, Freunden und Freundinnen und anderen Gleichaltrigen etwas abgeschaut. Und auch den Großen, also den Eltern und anderen Erwachsenen, kann man alles Mögliche nachmachen und dabei dazulernen. So ist das auch mit dem Glauben. Wenn Kinder in ihrer Umgebung Menschen beobachten können, die ihren Glauben ausdrücken – zum Beispiel durch Beten – beginnen viele, es ihnen nachzumachen. Dann falten auch sie ihre Hände und sprechen die Gebete nach. Oder zumindest das, was sie davon verstanden haben. Vielleicht gehen sie auch mit ihren Eltern oder Großeltern in den (Kinder-)Gottesdienst. Dort kann man gut beobachten, was die Großen dabei tun und sagen. Wenn Kinder sie dabei nachmachen, wachsen sie so langsam in den Glauben hinein. Sie üben religiöses Verhalten, noch ohne genau zu verstehen, welchen Sinn das hat. So lernen Kinder die Feste und Rituale ihrer Religion kennen und erfahren nach welchen Regeln und Geboten gläubige Menschen leben sollen. Die Erzählungen in der (Kinder-)Bibel und die Geschichten von heiligen Menschen zeigen, wie Menschen früher ihren Glauben gelebt haben. Sie berichten auch, wie verschiedene Menschen ihren Glauben trainiert haben und wo sie so ihre Schwierigkeiten hatten.

Nicht immer lernt man religiöses Verhalten in der Familie. Manche Kinder begegnen gläubigen Menschen erstmals im Kindergarten oder in der Schule, zum Beispiel im Religionsunterricht. Andere beginnen erst als Erwachsene, sich für Religion zu interessieren, und lernen dann von Freundinnen und Freunden, wie man gemeinsam den Glauben feiern kann und welche Gebote es gibt. So oder so: Was es bedeutet zu glauben und wie man seinen Glauben leben kann, das lernt man von und mit anderen Menschen. Das ist beim Trainieren einer Sportart oder beim Üben eines Instruments ganz ähnlich: Menschen mit mehr Erfahrung

und Wissen helfen anderen dabei, sich zurechtzufinden, zum Beispiel Sporttrainerinnen oder Musiklehrer. Sie machen vor, wie es gehen kann, beantworten Fragen und helfen bei Schwierigkeiten. Das ist auch eine der Aufgaben von Taufpaten und Taufpatinnen, nur eben in Glaubensfragen. Sie versprechen bei der Taufe gemeinsam mit den Eltern, dass sie den Kindern beim Hineinwachsen in den Glauben helfen und sie dabei begleiten werden.

Was heißt eigentlich Glauben?

Aber wo soll man da überhaupt hineinwachsen? Was tut man, wenn man glaubt? An etwas glauben bedeutet, auf etwas oder jemanden zu vertrauen, sich auf jemanden zu verlassen. Wenn wir sagen, dass jemand im religiösen Sinne glaubt, dann meinen wir, dass dieser Mensch darauf vertraut, dass es Gott gibt. Gläubige Menschen verlassen sich auf Gott. Sie bauen darauf, dass Gott es gut mit ihnen meint, sie beschützt und ein Leben lang begleitet. Das gibt Menschen Sicherheit und hilft ihnen zu entscheiden, was richtig und was falsch ist. Glauben meint vor allem die Beziehung, die man zu Gott hat.

Ob jemand glaubt, kann man von außen nicht sehen. Das ist etwas, das im Inneren eines Menschen geschieht. Aber viele gläubige Menschen zeigen ihren Glauben an Gott nach außen. Das tun sie zum Beispiel beim gemeinsamen Beten oder im Gottesdienst. Manche tragen ausgewählte Kleidung oder ein bestimmtes Schmuckstück, zum Beispiel ein Kreuz an einer Kette um den Hals. Vielen gläubigen Menschen ist es auch wichtig, dass sie in Gottes Namen anderen Menschen Gutes tun, vor allem für die, denen es gerade schlecht geht. Glauben kann man auch ausdrücken, indem man sich an bestimmte Regeln und Gebote hält. Durch all das kann man sichtbar machen, woran man glaubt. Wenn Menschen ihren Glauben als hilfreich für ihr eigenes Leben erfahren, dann ist es ihnen besonders wichtig, das anderen zu zeigen und ihnen von ihrem Glauben zu erzählen.

Rituale und Regeln einüben

Die sichtbaren Zeichen des Glaubens kann man üben und trainieren, zum Beispiel indem man bestimmte Gebete wie das Vaterunser oder das Glaubensbekenntnis lernt. Das Glaubensbekenntnis ist ein Text, in dem die wichtigsten Überzeugungen von Christen und Christinnen zusammengefasst sind. Man kann lernen, wie der Gottesdienst abläuft, wie man ihn mitfeiert und warum gläubige Menschen überhaupt Gottesdienst feiern. Man kann auch üben, miteinander freundlich und sorgsam umzugehen und anderen zu helfen, wenn sie in Not sind. Um den gemeinsamen Glauben miteinander feiern zu können, haben Menschen über viele Jahrhunderte hinweg den Ablauf bestimmter Feste festgelegt. Und sie haben für den christlichen Glauben Gebote und Regeln aufgestellt. Am bekanntesten sind die »Zehn Gebote« oder auch die sogenannte »Goldene Regel«.

Sie besagt, dass man mit allen Menschen gut umgehen soll, da sie ebenso von Gott geliebt werden, wie jede und jeder von uns: »Was du nicht willst, das man dir tue, das tue einem anderen auch nicht!« Dieser Satz steht schon in der Bibel und ist so etwas wie eine christliche Trainingsanweisung für den Alltag. Nachlesen kannst du das in der Bibel im Buch Matthäus 7,12 oder im Buch Lukas 6,31 in der Bergpredigt.

Glauben zu trainieren bedeutet auch, etwas darüber zu lernen, woran Menschen glauben und warum sie es tun. Das passiert zum Beispiel im Religionsunterricht oder in der Erstkommunionsvorbereitung. Glauben üben besteht aber zugleich darin, bestimmte Dinge zu tun. Glauben ist vor allem eine Praxis. Auch das ist beim Fußballtraining ganz ähnlich: Natürlich sollte man die Regeln des Spiels kennen – zumindest, wenn man mit anderen gemeinsam spielen möchte. Aber die meiste Zeit beim Training ist man auf dem Platz und lernt, indem man miteinander spielt. Das ist auch beim Lernen eines Instruments so: Notenlernen ist wichtig, aber Spaß macht es vor allem, wenn man selber Musik macht. Die Praxis macht das Training und das Üben besonders interessant. Dabei kann auch einmal etwas mühsam sein oder schiefgehen. Das ist vielleicht lästig, aber nicht schlimm. Dann versucht man es einfach weiter oder bittet jemanden mit mehr Erfahrung um Hilfe. Das Gleiche gilt auch für das Einüben von religiösen Formen. Je öfter man es versucht, desto sicherer wird man dabei. Auf den Glauben übertragen heißt das also zum Beispiel: Es ist gut, die »Goldene Regel« zu kennen, aber wichtig ist, dass man sie auch im Alltag umsetzt. Erst dann können alle in Frieden und Sicherheit leben. Und dass es im Alltag nicht immer gelingt, den anderen so zu behandeln, wie man es sich selbst wünschen würde, macht nichts, solange man es ernsthaft versucht.

Auch Erwachsene können das Glauben weiter üben. Eine bekannte Form dafür sind die sogenannten »Exerzitien«. Das ist das lateinische Wort für Übungen. Vor über 500 Jahren hat ein Ordensmann aus Spanien, Ignatius von Loyola, ein Buch dazu geschrieben, wie man sich im Glauben üben kann. Wichtig ist dabei, dass man im Inneren ganz ruhig wird, um mitzubekommen, was Gott

einem mitteilen möchte. Auch heute trainieren noch viele Leute danach. Es gibt aber ganz verschiedene Formen des Glaubenstrainings. Manche Menschen schweigen dabei für ein paar Tage, andere machen eine religiöse Wanderung, sie pilgern. Wieder andere üben besondere Gebetsformen oder leben mit Obdachlosen zusammen. Mir macht es Spaß, immer wieder einmal ein neues Glaubenstraining auszuprobieren. Aber wie beim Fußballtraining ist es auch beim Vertiefen des Glaubens manchmal sinnvoll eine kleine Trainingspause einzulegen und sich mit etwas anderem zu beschäftigen. Danach fällt es oft leichter, mit neuer Kraft wieder ans Üben zu gehen.

Der geschenkte Glaube

Es gibt auch Unterschiede zwischen dem Fußballtraining, dem Erlernen eines Instruments und dem Üben des Glaubens. Der wichtigste Unterschied ist, dass man Glauben nicht »machen« kann, ganz egal ob und wie viel man trainiert. Häufig liegt es nicht in der eigenen Hand, ob man an Gott glauben kann. Manche Menschen haben es mit religiösem Training versucht, fangen aber trotzdem nicht an zu glauben. Andere verlieren ihren Glauben, weil ihnen zum Beispiel etwas Schreckliches zugestoßen ist. Sie können dann nicht mehr auf Gott vertrauen. Dann hilft auch kein Glaubenstraining. Auch Menschen, die richtige Glaubensprofis sind, kennen solche Durststrecken und Zweifel. Glauben zu können ist ein Geschenk, das man sich nicht selber geben kann. Das heißt aber gleichzeitig, dass man nicht trainieren muss, um gläubig sein. Der Glaube eines Menschen hängt nicht davon ab, wie gut man sich bei den Ritualen der Kirche, in der Bibel oder bei den religiösen Geboten auskennt.

Nicht jeder ist ein Musiktalent und nicht jede kann gleich gut Fußball spielen. Ich zum Beispiel treffe nicht immer den Ball und stolpere dann manchmal über meine eigenen Füße. Dann erklärt mir Jakob, dass meine Ball-Fuß-Koordination nicht klappt. Aber das macht nichts, ich kann trotzdem mitspielen. Man muss kein Fußballprofi sein, damit es Spaß macht und man das Spiel mit anderen teilen kann. Und das gilt auch für den Glauben: Man muss nicht immer und besonders fest glauben oder viel über Religion wissen, damit man mitmachen kann. Manche beschäftigen sich selten mit ihrem Glauben, beten hin und wieder oder gehen vor allem an Weihnachten und Ostern in einen Gottesdienst. Wie Menschen glauben, ist heute sehr individuell. Sie gestalten ihre Beziehung zu Gott oft nach eigenen Vorstellungen und danach, was sie gerade glauben können. Der Glaube ist kein Leistungssport – egal ob du dir sicher bist in deinem Glauben an Gott oder nicht, das spielt keine Rolle. Gott freut sich, wenn du es versuchst.

ZUM WEITERDENKEN UND WEITERFRAGEN:

- Wer kann dir deine Fragen zum Glauben beantworten? Wer in deiner Umgebung übt den Glauben regelmäßig und ist daher im Glauben gut trainiert?
- Warst du schon einmal in einem Gottesdienst, vielleicht in einem, der speziell für Kinder gestaltet wurde? Was hast du dort erlebt?
- Kennst du das Gefühl, dass es dir schwerfällt zu glauben oder beim Beten mit Gott zu reden?
- Wie könnte dein ganz persönlicher Glaubenstrainingsplan aussehen? Was würdest du gerne üben oder ausprobieren?

Helena Stockinger

Ist Gott ein Mann oder eine Frau oder divers?

Immer wieder stellen sich Menschen die Frage, welches Geschlecht Gott hat. Ist er ein Mann oder eine Frau oder ist er divers, also hat er eine Form von Geschlecht, die nicht Mann oder Frau zuzuordnen ist?

Da es bei Menschen vielfältige Geschlechter gibt, ist es naheliegend, diese Frage auch über Gott zu stellen. Weil manche Menschen gerne möglichst viel über Gott wissen möchten, würde es ihnen Sicherheit geben, wenn sie diese Frage abschließend beantworten könnten. Theolog:innen betonen aber, dass es den Menschen nicht möglich ist zu bestimmen, wie Gott wirklich ist – Gott ist immer anders und größer als Menschen sich das vorstellen können.

Wie wird Gott in unterschiedlichen Religionen bezeichnet?

Im Judentum und Christentum ist der Name »JHWH«, Christ:innen sprechen das »Jahwe« aus, eine Zusage der Beziehung Gottes mit den Menschen. Übersetzt heißt das: »Ich bin [für euch] da, als die/der ich [für euch] da bin.« Das steht im Buch Exodus im dritten Kapitel im 14. Vers und klingt zuerst kompliziert. Deutlich wird in diesem Namen, dass Gott nicht auf ein Bild und schon gar nicht auf ein Geschlecht festgelegt werden kann. Vielmehr eröffnet dieser Name Raum für Gotteserfahrungen. Für Jüdinnen und Juden ist der Name Gottes JHWH nicht übersetzbar und kann nicht ausgesprochen werden. Deswegen bietet die Thora, die heilige Schrift der Jüdinnen und Juden, bzw. das Alte Testament der Christ:innen eine Reihe von Bezeichnungen für Gott. So wird beispielsweise die Anrede »Adonai« verwendet, was »(mein) Herr« bedeutet oder »El Shaddai«, was meistens mit »der Allmächtige« übersetzt wird. Neben männlichen Bezeichnungen finden sich auch weibliche und geschlechtsübergreifende Beschreibungen für Gott. Beispielsweise sind »Ruach«, die Geisteskraft, oder »Sophia«, die Weisheit, Bezeichnungen für Gott. In der Thora und der Bibel werden Erfahrungen, die Menschen mit ihrem Gott gemacht haben, beschrieben. In diesen Erfahrungen wird deutlich, dass Gott unterschiedliche Eigenschaften hat und diese nicht auf ein Geschlecht begrenzt sind. Auch im Neuen Testament wird Gott bildlich beschrieben, wie beispielsweise als Hirte, als Brot des Lebens, als Weg, als Licht oder als Quelle.

Im Islam verdeutlichen beispielsweise die 99 Namen Gottes die unterschiedlichen Eigenschaften Gottes. Dadurch wird zum Ausdruck gebracht, dass Gott herrlich und unbegrenzt ist. Gott – in der arabischen Sprache Allah – kann nicht auf einzelne Eigenschaften reduziert werden und kann nicht vollständig und abschließend beschrieben werden. Dies wird auch durch den hundertsten Namen Gottes verdeutlicht, den – nach islamischem Glauben – die Menschen nicht kennen.

Warum wird oft gedacht, dass Gott ein Mann ist?

Wenn wir heute über Gott reden, finden wir häufig Bilder, die Gott als Mann darstellen. Beispielsweise sind Vater, König oder Herr häufige Bezeichnungen für Gott, die das Bild von Gott als Mann prägen. So beginnt beispielsweise das im Christentum bedeutende Gebet mit »Vater unser«. Im Christentum wird Gott »dreifaltig« gedacht: als Vater, Sohn und Heiliger Geist. Da Jesus ein Mann war, stellt sich die Frage, warum nicht auch Gott männlich ist. Hier ist wichtig zu betonen, dass Gott im Glauben des Christentums zuallererst Mensch wurde. Häufig werden dann die damaligen gesellschaftlichen Umstände vor über 2000 Jahren, in denen hauptsächlich Männer das Sagen hatten, als Grund angegeben, dass Jesus außerdem männlich wurde. Jesus nennt Gott liebevoll Papa – dadurch wird aber vor allem die innige Beziehung deutlich und soll nicht Ausdruck des Geschlechts Gottes sein. Vielmehr wird in den Gleichnissen und Bildern, die Jesus über Gott erzählt, deutlich, dass Gott nicht ausschließlich männlich ist.

Es prägt unsere Vorstellung von Gott, wie uns von Gott erzählt wird, wie wir über Gott sprechen und welche Bilder wir von Gott kennen. Wenn wir hauptsächlich männliche Bezeichnungen für Gott kennen, kann dies dazu führen, dass wir uns Gott auch männlich vorstellen. Wir kennen das auch aus dem Sprachgebrauch über Berufe von Menschen: Wenn wir immer nur von »Ärzten« sprechen, dann stellen sich manche Menschen ausschließlich männliche Ärzte vor, obwohl es genauso weibliche Ärztinnen oder diverse Doktor:innen gibt. Bilder von Gott als Mann bedeuten also nicht, dass Gott männlich ist. Vielmehr wird dadurch die Vorstellung von Gott deutlich eingeschränkt. Vielleicht ist dir auch schon mal aufgefallen, dass Menschen häufig »er« oder »ihn« sagen, wenn sie von Gott reden. Das hat aber nur grammatische Gründe. Im Deutschen sagen wir zum Beispiel »der Baum«, obwohl wir wissen, dass eine Pflanze kein Mann ist. Wenn wir über Gott reden, könnten wir »ihn« oder »er« deshalb in Anführungszeichen setzen, um deutlich zu machen, dass wir damit nicht meinen, dass er ein Mann ist. Gott ist nämlich kein weißer, alter Mann, sondern viel mehr. Dies wird auch an einer Stelle beim Propheten Hosea (11,9) im Alten Testament besonders deutlich ausgesprochen. Dort heißt es: »Denn Gott bin ich und nicht ein Mann.«

Also ist es wichtig, unser Gottesbild zu erweitern und Gott nicht nur männlich zu denken. Da wir nicht wissen können, wie Gott wirklich ist, können unsere Sprache und unsere Bilder von Gott nur Hilfen für uns Menschen sein, uns Gott vorzustellen. Aber wir müssen gleichzeitig bedenken, dass Gott auch immer weiter und anders ist als diese Bilder.

Warum brauchen Menschen Bilder von Gott?

Um über Gott sprechen zu können, brauchen Menschen Bilder, durch die sie sich etwas vorstellen können. Wenn sich diese Bilder auf ihre eigenen Erfahrungen beziehen, können sich Menschen besonders gut etwas vorstellen. Beispielsweise kann das Bild von Gott als liebende Mutter oder als liebender Vater manchen Menschen als Vergleich dienen, wenn sie ihre Mutter oder ihren Vater als liebend erfahren haben. Gleichzeitig ist Gott aber immer anders als unsere Vorstellungen und alle unsere Bilder können Gott nie vollständig abbilden. Unterschiedliche Bilder von Gott als männlich, weiblich oder divers können deswegen helfen, ein möglichst breites Bild von Gott zu entwickeln und Gott nicht auf ein Bild oder eine Vorstellung festzulegen. Gott entspricht nicht menschlichen Vorstellungen wie männlich, weiblich oder divers und kann nicht den menschlichen Geschlechtsdefi-

nitionen zugeordnet werden. Wenn Menschen über Gott sprechen, können sie sich in unterschiedlichen Bildern an »ihn« annähern, aber Gott bleibt letztendlich immer unbeschreiblich und unerklärbar.

Nochmals kurz zusammengefasst: Von Theolog:innen wird immer wieder betont, dass Menschen, unabhängig von ihrer Religion, Gott nicht endgültig bestimmen können, weil Gott immer anders und mehr ist, als Menschen sich vorstellen können. Gott kann also nicht auf ein Geschlecht festgelegt werden. Unterschiedliche Bilder und Bezeichnungen sind ein Versuch der Menschen, Gott zu beschreiben, wenn wir auch nie endgültig wissen können, wie Gott wirklich ist.

Wie dann über Gott reden?

Gerade Fragen danach, wie Gott nun ist, können immer wieder zu Fragen über den eigenen Glauben führen. Hier steht nicht die Frage im Vordergrund, wie Gott ist, sondern die Frage, wie Beziehung zu Gott möglich ist und welche Beziehung ich selbst zu Gott habe. Damit verbunden ist es, die Frage nach Gott wachzuhalten und diese nicht endgültig zu beantworten.

Es ist hilfreich, Gott immer wieder unterschiedlich zu bezeichnen und unterschiedliche Bilder zu verwenden, wenn über Gott gesprochen wird. Dadurch wird auch im Reden über und mit Gott deutlich, dass dieser keinem Geschlecht zugeordnet ist und nie endgültig festgeschrieben werden kann. Manchmal wird, um die Vielfalt Gottes auch sprachlich zu bezeichnen, eine andere Schreibweise gewählt. Dann wird das Wort »Gott« durch »G*tt« oder »Gott*« ersetzt. Es gibt auch die »Bibel in gerechter Sprache«. In dieser Bibelübersetzung wird versucht, Gott nicht nur männlich zu beschreiben, sondern die Vielfalt deutlich zu machen. So werden dort beispielsweise anstelle der Bezeichnung »Herr« unterschiedliche Übersetzungen, wie beispielsweise »die Lebendige« gewählt. Auch die 99 Namen im Islam, von denen schon die Rede war, verdeutlichen die Vielfalt der Eigenschaften Gottes.

Weil das Gottesbild immer auch auf das Menschenbild wirkt, ist es zudem besonders wichtig, Gott nicht auf ein Geschlecht festzulegen. Denn: Hätte Gott ein eindeutiges Geschlecht, könnte dies dazu führen, dass Menschen ein Geschlecht höher bewerten bzw. andere Geschlechter abwerten oder ausgrenzen. Hingegen wird in der Thora und dem Alten Testament betont, dass alle Menschen nach Gottes Bild geschaffen sind. Menschen sind – unabhängig davon, ob sie männlich, weiblich oder divers sind – Gottes Ebenbild.

ZUM **WEITERDENKEN** UND **WEITERFRAGEN:**

- Welche Bilder von Gott kennst du? Wie ist Gott dort dargestellt? Lies auch den Beitrag von Daniela Blum in diesem Buch. Welche Funktionen haben die Bilder von Gott?
- Welches Gottesbild ist für dich bedeutend, wie stellst du dir Gott vor?
- Welche Anrede Gottes verwendest du gerne, welche bereitet dir Schwierigkeiten?
- Frage in deinem Umfeld nach, welche Bilder sich deine Eltern, deine Familie, deine Freund:innen von Gott machen. Tauscht euch über eure unterschiedlichen Vorstellungen aus.

Rainer Oberthür

Kann ich das Universum mit Gott besser verstehen?

Hast du schon einmal in der Nacht bei stockdunklem Himmel die Milchstraße gesehen? Hast du mal den Sternenhimmel mit einem Fernglas oder sogar mit einem Teleskop beobachtet? Dann kennst du das Gefühl des Staunens, das uns fast schwindelig macht. Beim Blick auf die unfassbare Zahl der Sterne fängt wohl jeder Mensch an zu fragen: Wo kommt das alles her? Wie können wir das riesige Universum begreifen? Wie konnte es dazu kommen, dass wir Menschen heute hier sind und solche Fragen stellen? Wir fühlen uns winzig, bekommen eine kleine Gänsehaut und eine große Ehrfurcht und denken: So klein sind wir, aber so groß, um das zu erkennen! Dabei ist eins sicher: Wenn wir die Entstehung des Universums verstehen wollen, helfen uns die Naturwissenschaften. Schwieriger ist die Frage, ob dabei auch Gott beziehungsweise der Glaube an Gott helfen kann. Darum soll es hier gehen, doch für eine Antwort muss ich weiter ausholen.

Der Mensch fragt und erzählt

Wir Menschen sind die Lebewesen, die Fragen stellen. Die Frage nach dem Anfang von allem ist eine der spannendsten überhaupt. So wie alle Menschen fragst du nach dem Anfang von dir selbst, der Menschheit, des Lebens und des Universums. Vielleicht liegt das daran, dass wir Menschen selbst geborene Anfänge und auch Anfänger:innen sind. Immer beginnen wir von vorn: jeden Tag, jeden Monat, jedes Jahr. Wir sind neugierig und wollen endlos Neues entdecken. Besonders bei ersten Anfängen erleben wir einen Zauber. Die geheimnisvolle Kraft des Anfangs macht uns zu Menschen. Wir erkennen: Die Welt, das Leben und wir selbst hören nie auf anzufangen!

Der Mensch ist auch das Lebewesen, das Geschichten erzählt. Wir wurden zum Menschen durch die Sprache, die uns das Erzählen und Erinnern ermöglicht. So teilen wir unser Leben miteinander in Worten, in denen viele Bilder stecken, und in Bildern, die unsere Vorstellungen zeigen. Wir entdecken die Welt und versuchen sie zu verstehen, indem wir Geschichten erzählen. Dabei bildet die Sprache die Welt nicht einfach ab. Zum einen ist die Welt nicht über Worte in den Griff zu kriegen. Zum anderen schafft Sprache neue Bedeutungen und hat einen Mehrwert über das hinaus, was wir mit Worten benennen. Sie lebt durch die Kraft der Symbole, der Bilder und der Poesie.

Weil wir fragen und erzählen, entstehen immer neue Geschichten. Das geschieht, seit es Menschen gibt auf der Erde. Schon die ersten Menschen erzählten sich am Lagerfeuer Geschichten vom Anfang. Die Menschen entdeckten nach und nach, dass es ein »Mehr-als-alles-auf-der-Welt« geben muss. Es entstanden Religion und Glaube. Die Menschen lernten immer besser, die Welt zu erforschen, die Sterne zu erkunden, denn sie wollten alles begreifen und erklären. So entstanden die Naturwissenschaften.

Naturwissenschaften und Glaube

Die Naturwissenschaften einerseits und Religion und Glaube andererseits gehen verschiedenen Fragen nach und erzählen unterschiedliche Geschichten. Die einen wollen wissen, wann alles wie genau nacheinander passierte. Die anderen interessiert, warum und wozu es überhaupt etwas gibt und welcher Sinn dahinter steckt. Die Naturwissenschaften knipsen die Wie- und Wann-Lampen an und unterscheiden zwischen »richtig und falsch«. Sie erzählen die Entwicklung vom Urknall am Anfang bis heute, wollen den Ablauf erklären. Religion und Glaube stellen die Warum- und Wozu-Lampen auf und unterscheiden zwischen »wahr und unwahr«. Sie sehen die Welt im Licht Gottes, sie loben und danken im biblischen Gedicht von der Schöpfung für alles, was geworden ist. Beide bringen mehr Licht ins Universum und in unser Nachdenken. Aber selbst wenn man sie zusammennimmt, wird man nie alles bis ins Letzte ergründen können. Niemand versteht die ganze Wahrheit, dafür sind das Universum und erst recht Gott zu groß und unbegreiflich. Wir sollten Naturwissenschaften und Glaube unterscheiden, aber brauchen uns nicht zu entscheiden, wer recht hat und wer nicht. Im Staunen kommen die Naturwissenschaften und der Glaube wieder zusammen.

Ich will es an zwei Aussagen deutlich machen. Wenn wir die Erkenntnisse der Astronomie über die Entstehung von Universum, Leben und Mensch verstanden haben, können wir staunend feststellen: WIR Menschen sind aus Sternenstaub, stehen auf der Erde, unserem Heimatplaneten, und können in der Nacht die Sterne sehen.

Wir leben in einem fast leeren Universum – der größte Teil davon ist für alle unsichtbar – und sind von allen Seiten vom Geheimnis umgeben. In der Bibel spricht im Buch der Psalmen ein gläubiger Mensch zu Gott: DU umgibst mich von allen Seiten und hältst deine Hand auf und über mir. Zu wunderbar bist du für mich, zu hoch, ich kann dich nicht begreifen (Psalm 139,5). Beides kann derselbe Mensch empfinden und aussprechen. Und überraschend ist: Je mehr wir von den Naturwissenschaften lernen, umso größer wird unser Staunen. Dadurch können wir zwar nicht beweisen, dass es Gott gibt, doch wir finden gute Gründe dafür, dass das alles mehr als Zufall ist.

Ein unwahrscheinlich unwahrscheinliches Universum

Bei der Entstehung von Universum, Erde und Leben ist alles ganz genau und fein aufeinander abgestimmt. Nur so konnte es etwas geben und nicht nichts. Zum Beispiel entstanden beim Urknall vor 13,8 Milliarden Jahren unzählige Paare aus Teilchen und Gegen-Teilchen, die sich aber gegenseitig wieder zerstörten und in Energie zerstrahlten. Dabei gab es auf je eine Milliarde Gegen-Teilchen eine Milliarde und ein Teilchen. Nur deshalb blieb immer ein Teilchen über. Aus den restlichen Teilchen konnte das Universum entstehen! Wäre nichts übrig geblieben, hätte es nichts gegeben. Wäre mehr übrig geblieben, hätte sich das Universum nicht genügend ausdehnen können und wäre wieder in sich zusammengestürzt.

Das Leben konnte sich auch nur entwickeln, weil mehrmals Sterne geboren und wieder gestorben sind und dabei die Elemente »gekocht« wurden, aus denen wir bestehen. Unbedingt dazu gehören als wichtigste Bausteine des Lebens die Sauerstoff- und Kohlenstoffatome. Sie entstanden aber nur, weil die Kernkraft – das ist die gegenseitige Wirkung zwischen den kleinsten Teilchen in den Atomen – genauso stark ist, wie sie eben ist. Wäre sie nur ein halbes Prozent schwächer oder stärker, wäre Leben unmöglich.

Alles Leben auf der Erde ist auch nur möglich, weil die Sonne nicht zu nah und nicht zu weit entfernt von uns ist und weil sie lange genug lebt und strahlt, sodass sich Leben bilden kann. Und so können wir immer weiter beschreiben, was alles notwendig war, damit das Leben zur Welt kommt.

Zufall über Zufall über Zufall

So viele »Zufälle« mussten passieren, damit es uns gibt. Mathematiker haben ausgerechnet und anschaulich erklärt, wie unwahrscheinlich allein die Entstehung des Lebens war: Stell dir vor, auf einem Schrottplatz erfasst ein gewaltiger Wirbelsturm alle herumliegenden Teile und wirft sie wahllos in die Höhe. Nach dem Sturm steht auf dem Platz ein komplettes Auto, zusammengesetzt aus allen Schrottsachen. Oder stell dir vor, du hast noch weit mehr als alle Sandberge der Saharawüste vor dir. Nun sollst du das einzig richtige Sandkorn herauspicken, das Leben möglich macht. Du hast nur einen Versuch!

Ist dabei Gott im Spiel?

Manche, die nur den Naturwissenschaften trauen, behaupten felsenfest: Nur das ist richtig, was zu beweisen ist. Deshalb kann man aus Gründen der Vernunft nicht an Gott glauben. Ich bin anderer Meinung, denn ein Gott, der sich mit unserem Verstand beweisen ließe, wäre kein Gott. Manche, die gläubig sind, erklären felsenfest: Das alles hat Gott so »gemacht«, als genialer Planer des Weltalls. Gott wird als Lückenbüßer benutzt, der uns Erklärungen liefert, die wir (noch) nicht haben. Ich bin vorsichtiger: Zwar glaube ich, dass beim Werden der Welt Gott mit im Spiel ist, doch nicht durch direktes Eingreifen, sondern verborgen wirksam. In den Zufällen kann sich Gott uns zeigen. Ein Kind hatte den wunderbaren Gedanken: »Der Zufall kann auch eine Möglichkeit Gottes sein.« Gott gibt es nicht wie ein Ding oder Mensch, das oder den wir anfassen können. Gott ereignet sich mitten im Leben. Wenn es um eine tiefe Wahrheit geht, brauchen wir verschiedene Standpunkte. Die naturwissenschaftliche Sicht ist richtig, bis neue Ergebnisse erforscht werden, und die biblische Sicht ist wahr für die, die aus gutem Grund glauben.

Kann ich mit Gott das Universum besser verstehen?

Das Verstehen des Universums gelingt nur mithilfe der Naturwissenschaften. Doch je mehr diese Wissenschaftler:innen begreifen, desto größer wird auch ihr Nichtwissen. Das Staunen über das Verstandene führt zur Frage nach dem »Mehr« dahinter. Die Unfassbarkeit aller Ereignisse vom Urknall bis zu Lebewesen, die nach dem Grund des Anfangs und der Entwicklung von allem fragen, ist kein Beweis dafür, dass es Gott gibt, aber ein guter Grund für den Glauben an Gott.

Die Naturwissenschaften können nicht erklären, warum es den Urknall gab. Sie können nicht den Sinn hinter einem Sinn erklären. Für sie ist der Sinn des Lebens das Leben selbst. Mit Gott kann ich das Unverständliche besser ertragen. Ich kann die Lücken besser aushalten und damit leben. Ich kann tiefer fragen nach dem Grund, warum es die Welt gibt, tiefer das Wunder erfahren, dass es uns gibt, tiefer ergriffen sein von dem Unbegreiflichen. Ich kann mit Gott den Sinn in der Liebe entdecken, die Gott selbst ist, auch wenn das Leben nur so kurz ist. Ich darf hoffen, dass wir angesehen sind von und bei Gott, dass wir gemeint, gewollt und geliebt sind. Ich darf glauben, dass wir nach dem Tod erwartet werden.

In der Geschichte des Universums, der Welt und des Lebens gibt es zahlreiche Katastrophen, Lücken und Risse. Mit Gott kann ich hoffen, dass es nach jeder Katastrophe weitergeht, dass hinter den Lücken ein Licht ist, dass uns durch die Risse Strahlen erreichen, die das Leben reicher machen und uns die Schönheit sogar im Kleinsten erfahren lassen.

ZUM WEITERDENKEN UND WEITERFRAGEN:

- Legt euch zu zweit in einer wolkenfreien Nacht ohne Mondschein auf den Rasen oder in einen Liegestuhl und schaut am besten mit Ferngläsern in den Sternenhimmel. Wartet einfach, was passiert, welche Fragen und Gedanken zu euch kommen. Danach redet ihr darüber.
- Vergleiche und erkläre die folgenden Sätze mit deinen Worten:

In der Geschichte vom Anfang der Welt, von der uns heute die Naturwissenschaftler berichten, geht es um den Beginn in Raum und Zeit. Es geht um Tatsachen, die oft geheimnisvoll sind: um das, was einmal war und nacheinander passiert, was Menschen nach und nach herausgefunden haben und nach dem heutigen Stand wissen.	In der Geschichte vom Ursprung der Schöpfung, die die alten Schriften der Bibel erzählen, geht es um den Anfang ohne Raum und Zeit. Es geht um das Geheimnis hinter den Tatsachen: um das, was niemals war und doch immer ist, was Menschen von und mit Gott erfahren haben und schon seit langer Zeit und bis heute glauben.

- Was würde dir fehlen, wenn du beim Nachdenken über das Universum und das Leben nur das Wissen der Naturwissenschaften hättest?
- Gäbe es einen Sinn von allem, wenn niemand danach fragen, darüber nachdenken und ihn herausfinden könnte?

Matthias Gronover

Ist es klug, an Gott zu glauben?

Meine Antwort möchte ich mit Jana beginnen. Sie ist zehn Jahre alt. In der Schule geht sie in den katholischen Religionsunterricht. Ihre Freundinnen und sie haben jetzt die Einladung von der Kirchengemeinde bekommen, gemeinsam die Erstkommunion zu feiern. Janas Eltern haben Jana nicht als Baby taufen lassen, weil sie möchten, dass Jana selbst entscheidet, ob sie sich taufen lassen möchte. Deshalb ist die Einladung zur Erstkommunion jetzt für Jana ein Anlass, zu überlegen: »Soll ich mich taufen lassen?«. Ihre beste Freundin Hannah sagt, sich taufen zu lassen, sei klug, weil sie dann die Vorbereitungszeit zusammen verbringen können und das große Fest ein großer Spaß sei. Außerdem gebe es Geschenke. So richtig vernünftig sei das doch nicht, sagt Jana. Schließlich gehe es doch um den Glauben – und den wolle sie nicht von einem Fest und Geschenken abhängig machen. Hannah entgegnet: »Es geht dabei nicht um den Glauben, sondern um deinen Glauben, und nicht um ein Fest, sondern um dein Fest!« Deswegen ist die Entscheidung zur Taufe auch nicht immer nur vernünftig. Sie hat mit dem ganzen Leben zu tun und ob man darin glücklich ist. Und sie bleibe darum auch dabei, dass es klug sei, sich taufen zu lassen.

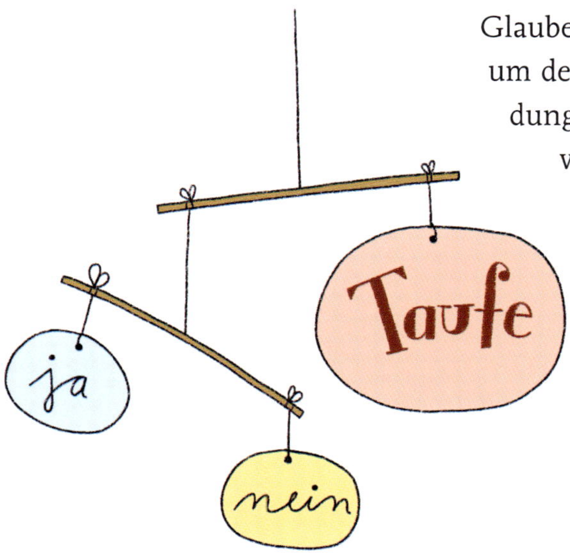

Klugheit ist eine Tugend. Tugenden sind innere Richtungsweiser, die Menschen helfen, den für sie richtigen Weg zu gehen. Wer klug handelt, der geht keine unnötigen Risiken ein und handelt nicht nur in seinem Sinne, sondern immer auch im Sinne seiner Mitmenschen. Das ist in vielen Fällen gar nicht so einfach. Manchmal stehen wir vor Lebensfragen, die nicht leicht zu entscheiden sind: Eine solche Frage kann zum Beispiel die sein, ob ich mich taufen lassen möchte. Welche Entscheidung ist dann die richtige? Kann ein Kind in der dritten Klasse sich schon bewusst dazu entscheiden, an Gott zu glauben? Sich taufen zu lassen ist ja nämlich genau das: ein besonderes Zeichen (die Kirche nennt es Sakrament) dafür, dass ich eine ganz besondere Beziehung zu Gott eingehe. Wäre es klug für Jana, sich taufen zu lassen?

Die Erforschung des Glaubens in der Theologie hat dazu einige Erkenntnisse gebracht. Neben der Theologie kümmert sich auch die Psychologie um religiöse Fragen. Denn es ist sehr interessant, was Menschen dazu bewegt, zu glauben.

Was ist Glaube?

Glaube ist nicht einfach eine zufällige Überzeugung, wie beispielsweise das Tragen einer bestimmten Schuhmarke oder die Vorliebe für eine Farbe.

Glaube ist eine innere Haltung, die die Verbundenheit eines Menschen mit Gott oder etwas Höherem ausdrückt. Deswegen ist Glaube ganz fest mit der Persönlichkeit eines Menschen verbunden. Er kann nicht einfach ausgewechselt werden. Glaube drückt Verbundenheit aus, eine tiefe Beziehung zu sich selbst, zu anderen und zu Gott. Wenn Christinnen und Christen im Gottesdienst das Glaubensbekenntnis aufsagen, dann sprechen sie in dieser Gemeinschaft zu Gott und drücken ihren Glauben an Gott, den Vater, den Sohn und den Heiligen Geist aus. So wie die Drei zueinander in Beziehung stehen, steht Gott in Beziehung zu den Menschen.

Wirkt sich der Glaube eines Menschen auf ihn aus?

Die Psychologie hat das Phänomen des Glaubens genauer untersucht. Sie hat herausgefunden, dass Glaube gute und schlechte Wirkungen haben kann. Um zu diesen Ergebnissen zu kommen, wurden sehr viele Menschen befragt und untersucht. Das ist wichtig, weil jeder Mensch seinen Glauben ganz persönlich lebt und nicht alle gleich sind. Deswegen gelten die guten und die nicht so guten Effekte von Glauben, die unten beschrieben sind, nicht immer für alle Menschen gleich. Es werden Tendenzen beschrieben, wie Glaube sich in der Regel auswirkt, die aber nicht wie ein physikalisches Gesetz zu verstehen sind. Glaube wirkt nicht wie die Schwerkraft. Wenn man einen Apfel fallen lässt, geht er zu Boden – immer. Wenn man glaubt, auch wenn man ganz fest glaubt, bleiben schlimme Ereignisse wie Krankheit und Tod furchtbar. Der Glaube gibt dann Halt, aber für jeden Menschen unterschiedlich.

Glaube kann gute Auswirkungen haben

Gehen wir zunächst auf die guten Wirkungen von Glauben ein. Diese haben sehr viel damit zu tun, dass Glaube Beziehungsgeschehen ist. Psychologische Studien konnten zeigen, dass Glaube viele Menschen widerstandsfähiger macht. Gläubige Menschen sind nach schlimmen Ereignissen häufig schneller wieder lebensfroher und sehen früher wieder ein Licht am Ende des Tunnels, wenn sie in einem schlimmen Schlamassel stecken. Diese Widerstandsfähigkeit nennen Psychologinnen und Psychologen auch Resilienz. Sie hat damit zu tun, viel Positives in der

Welt zu sehen, sodass schlimme Ereignisse, wie eine schreckliche Erkrankung eines Freundes oder einer Freundin, sie sehr oft nicht in ein so tiefes Loch fallen lassen, dass sie ihr Leben lang daran verzweifeln. Glaube kann also resilienter machen, wenn er ein positives Bild der Welt ausdrückt.

Gläubige Menschen sind noch dazu häufig sozial gut vernetzt. Sie haben Freundinnen und Freunde, sie unternehmen gemeinsam Dinge und können sich auch über die großen Fragen des Menschen austauschen: Was ist der Sinn des Lebens? Wieso müssen wir sterben? Warum gibt es Leid auf der Welt? Wie können wir die Schöpfung bewahren? Solche Beziehungen zu einem Freundeskreis helfen dabei, mit den alltäglichen Problemen zurechtzukommen. Das ist ganz wesentlich, weil ein Problem schon nicht mehr so groß erscheint, wenn man darüber mit jemandem sprechen kann.

Wenn man daran glaubt, dass Gott den Menschen geschaffen hat und ein liebevoller, guter Gott ist, dann färbt das auf das eigene Verhalten gegenüber Mitmenschen ab. Wenn ich selbst glaube, Gottes Geschöpf zu sein, dann sind es alle anderen Menschen auch. Das ist der Grund dafür, mit anderen Menschen gut umzugehen. Gläubige Menschen sind deshalb tendenziell unvoreingenommener und haben weniger Vorurteile anderen Menschen gegenüber. Sie sind vom eigenen Gefühl her aufgeschlossener gegenüber Begegnungen und machen sich weniger Sorgen, ob andere Menschen es gut mit einem meinen.

Gläubige Menschen haben oft viel Vertrauen in andere Menschen, sodass sie sich gutes Verhalten und kluge Lösungen von diesen abschauen können. Die Psychologie sagt dazu, dass die Erfahrungen von solchen

Vorbildern stellvertretend für das eigene Verhalten stehen können. Die katholische Tradition kennt dazu viele Beispiele. Die Legenden um Heilige sind solche stellvertretenden Erfahrungen. So hat der heilige Franziskus beispielsweise seinen geerbten Wohlstand aufgegeben und sein Leben ganz der Feier des Glaubens an Jesus Christus und der Fürsorge für die Armen gewidmet. Außerdem hatte er eine besonders tiefe Beziehung zur Natur. Die Legende sagt, dass er Wölfe gezähmt habe und von ihm ist auch ein Gesang an die Tiere des Waldes und die Vögel des Himmels überliefert. Solche Erfahrungen, die uns in Legenden übermittelt sind, zeigen eine ganz andere Zuwendung zur Welt. Wir heute dichten Lieder für andere Menschen, nicht zuerst für Hirsche, Rehe oder Vögel. Wir sind heute auch eher darauf bedacht, unseren Wohlstand zu behalten und vielleicht sogar zu mehren, als ihn aufzugeben, um dann nur noch zu beten und für arme Menschen da zu sein. Das Leben des heiligen Franziskus zeigt, dass ein ganz anderes Leben möglich ist. Wer solche fremden, ganz anderen Erfahrungen hört und versucht, sie nachzuvollziehen, sieht im eigenen Leben vielleicht auch neue Möglichkeiten, den eigenen Lebensweg zu gehen oder Lösungen für ein konkretes Problem – wie dieses: Soll Jana sich taufen lassen? – zu suchen.

Gläubige Menschen sagen Ja zu sich selbst

Die Psychologie kennt einen weiteren Grund, warum es klug sein kann, zu glauben. Dieser Grund liegt im positiven Selbstbild, welches gläubige Menschen von sich haben können. Es geht darum, nicht immer denken zu müssen, etwas nicht zu können oder den Ansprüchen der Schule, der Arbeit oder der Eltern nicht zu genügen. Im Christentum hat Paulus deswegen die Tugend der Klugheit mit den eigenen Begabungen, den Talenten, in Verbindung gebracht. Klug ist, wer zwischen lebensdienlichen und lebensfeindlichen Stimmen unterscheiden kann und so entscheidet, dass er seine Talente für sich und andere einbringen kann.

Es ist schlecht, ein falsches Gottesbild zu haben

Die Psychologie hat aber auch die Gefahren eines falschen Glaubens benannt. Wenn Menschen zu sehr an eine Strafe durch Gott für das, was sie tun, glauben, laufen sie Gefahr, ein ganz falsches Selbstbild zu entwickeln und sich sehr schwerzutun, neue Kontakte zu schließen. Deswegen sind solche Menschen oft einsamer und können nur schwierig Vertrauen zu anderen Menschen aufbauen. Es ist dann schwer, in problematischen Lebenssituationen Mut zu fassen und optimistisch zu bleiben. Die Psychologie zeigt, dass ein Glaube an einen strafenden Gott Menschen nicht widerstandsfähiger gegen Probleme im Alltag macht.

Eine andere Fehlform des Glaubens ist auch der magische Glaube, der dazu verleitet, zu glauben, eine schlimme Sache werde gut, ohne dass man selbst dazu etwas beiträgt. So ein magischer Glaube drückt sich zum Beispiel darin aus, keinen Blitzableiter ans eigene Haus zu bauen, weil Gott das Haus vor Blitzeinschlägen verschonen werde; oder zu glauben, Gott würde die Folgen des Klimawandels abwehren, ohne dass die Menschheit dazu einen Beitrag leisten müsste. So ein magischer Glaube ist oft bequem, aber sehr unvernünftig.

Ist es klug, an Gott zu glauben?

Ist es also klug, an Gott zu glauben? Bewusst habe ich hier nicht nur aus der Perspektive und Blickrichtung der Theologie gesprochen. Denn die Theologie beschäftigt sich von innen mit dem Verhältnis von Glauben und Vernunft und fragt danach, wie Glaube vernünftig gelebt werden kann. Glaube ist hier von Anfang an positiv besetzt. Die Frage, ob es klug ist, zu glauben, ist noch enger an Janas Frage gebunden.

Klugheit setzt immer auch einen Sinn für ein gutes Leben voraus. Wer klug handeln will, der möchte glücklich sein. Aristoteles (384–322 v. Chr.), ein antiker Philosoph, meinte, dass Klugheit vor allem dann gegeben ist, wenn man zwischen zwei Entscheidungen einen Sinn für die Mitte findet. Weil Aristoteles genau gesehen hatte, dass Klugheit etwas mit dem Alltagsleben zu tun hat, hat er sie auch den wichtigsten Tugenden des Menschen zugerechnet. Klugheit bewährt sich in ganz konkreten Lebenssituationen.

Soll Jana sich taufen lassen? Wäre das klug? Weiter oben haben wir Gründe für den Glauben gesehen: Er macht widerstandsfähiger, er fördert soziale Kontakte und er verhilft zu einem positiven Selbstbild und Lebenssinn. Auch Gründe gegen den Glauben wurden genannt: Der magische Glaube ist unvernünftig und kann sogar schädlich sein. Der Glaube an einen strafenden Gott kann den Menschen einsam machen und raubt ihm das Vertrauen zu anderen Menschen.

Jana könnte sich getrost auf das Wagnis der Taufe einlassen. Sie kann durch dieses Ritual zeigen, dass sie glaubt, nie allein durchs Leben zu gehen. Und es ist auch ein schönes Zeichen, im Familienkreis und mit Freundinnen und Freunden das Fest der Taufe zu begehen und so zu zeigen, dass einem die Gemeinschaft sehr wichtig ist. Wahrscheinlich ist es klug von Jana, ein solches Zeichen zu setzen. Aber es bleibt eine Entscheidung. Deswegen hat der Philosoph Blaise Pascal (1632–1662) die Frage, ob es klug sei, zu glauben, mit einer Wette beantwortet: »Wir wollen Gewinn und Verlust abwägen. Setze du aufs Glauben: Wenn du gewinnst, gewinnst du alles, wenn du verlierst, verlierst du nichts. Glaube also, wenn du kannst.«

ZUM WEITERDENKEN UND WEITERFRAGEN:

- Überlege Gründe, warum die Eltern von Jana sie nicht schon als Kleinkind taufen ließen.
- Wenn du die Freundin oder der Freund von Jana wärst: Was würdest du ihr raten?
- Was denkst du: Ist es klug, an Gott zu glauben?

Albert Biesinger mit Chiara

Gott haut nicht ab, wenn es dunkel wird …

»Ich habe jeden Abend zu Gott gebetet, dass er meine Mama wieder gesund macht. Und jetzt ist meine Mama an Brustkrebs gestorben.«

Die tränenerfüllten traurigen Augen dieses neunjährigen Mädchens, das mir das erzählt hat, werde ich nie vergessen … Die trostlose Dunkelheit konnte ich ihr nicht nehmen, nicht ihre Trauer und die ihres Vaters auch nicht. Aber ich habe ihr lange zugehört und dann versucht ihr weiterzuhelfen: »Rede mit deiner Mama so, als wenn sie bei dir ist. Sie ist ja immer noch bei dir, aber anders als früher. Du kannst Gott bitten, dass er deine Mama und dich beschützen soll … Wenn ich zaubern könnte, würde ich deine Mama wieder lebendig machen, aber du weißt ja, dass das leider nicht geht.«

Über dieses Gespräch habe ich noch lange nachgedacht. Der Schmerz dieses Mädchens ging mir sehr nah und plötzlich kamen all diese Fragen in mir auf:

Wieso gibt es überhaupt so viel Leid und Dunkel auf dieser Welt? Wieso lässt Gott das zu? Ist Gott vielleicht ganz anders, sogar machtloser als wir ihn uns vorstellen?

Meine fünfzehnjährige Enkelin Chiara ertappte mich bei diesen düsteren Gedanken. Ich erzählte ihr von dem Mädchen und dem Verlust, den es erleiden musste, und wir unterhielten uns darüber:

Albert: Man kann den Tod nicht »wegbeten«. Gott ist kein Zauberer, der Krankheiten, Leid und den Tod verhindern kann. Wenn er es könnte, würde er es ja tun.

Chiara: Ich glaube schon, dass er es könnte. Er hat ja immerhin die Welt erschaffen. Aber offensichtlich hat er die Welt so erschaffen, dass wir Leid und Krankheit aushalten müssen.

Ansonsten hätte er die Welt von vorneherein anders erschaffen müssen, dass es gar keine Krankheit und kein Leid gibt. Da wir aber mit der Natur verbunden sind und die Natur sterblich ist, sind wir auch der Sterblichkeit ausgeliefert.

Wenn es kein Leid und keinen Tod auf dieser Welt geben soll, dann hätte er die Menschen ja nicht so erschaffen dürfen, dass sie sich fortpflanzen können. Die Erde wäre ja schon längst total überlastet, wenn die Menschen am Schluss ihres Lebens – wann auch immer – nicht wieder sterben würden und damit auch neuen Menschen Platz machen würden auf der Erde.

Albert: Wenn wir auf dieser Erde geboren werden, ist also von vorneherein klar, dass wir Menschen eines Tages sterben müssen. Unser Leben in diesem materiellen Universum ist schon von Geburt an auf das Sterben hin angelegt.

Auch Jesus hat dies ja so erleiden müssen. Andere Menschen haben ihn als Opfer am Kreuz ermordet. Gott hat ihm nicht geholfen – er konnte ihm nicht helfen. Da fragt man sich ja schon: Können wir dann nicht doch auf Gott verzichten, wenn er eh nicht hilft?

Haut Gott also doch ab, wenn es dunkel wird?

Chiara: Wenn es keinen Schmerz geben würde, könnte es im Gegenzug auch keine Liebe geben. Es geht ja um Gefühle, mit denen wir Menschen unterwegs sind, oder um die Gefühle anderer, denen wir manchmal auch ausgeliefert sind.

Gott steht für Hoffnung, auch angesichts des Leidens und der Krankheit. Er steht nicht für Vorbeugung gegen Krankheiten ...

Albert: Hat er dann überhaupt eine »Bedeutung«, wenn er eh nicht eingreift und zum Beispiel ein schlimmes Erdbeben oder mörderische Kriege vielerorts, wie etwa den in der Ukraine, eh nicht verhindert?

Ist Gott vielleicht machtloser als wir denken?

Gott ist ganz offensichtlich anders, als ich ihn mir wünsche.

Die heiligen Texte der Bibel erzählen von Leid, von Konflikten, oft auch von Hass der Menschen aufeinander. Gott kann oder will es nicht verhindern, wenn die Menschen das, was er will – nämlich Liebe, Solidarität und Versöhnung – ablehnen.

Leid ist keine Strafe Gottes

Wenn ich im Dunkeln bin, kann ich das Gefühl bekommen, von Gott »verlassen« worden zu sein. Manchmal kann ich in der Situation nur noch Gott klagen oder ihn sogar verzweifelt anklagen.

In den heiligen Texten des Alten Testamentes werden immer wieder Szenen beschrieben, in denen Menschen sehr verzweifelt sind.

Hiob im Alten Testament ist ein Mann, der alles verliert: seine Frau, seine Kinder, seine Herde. Er sitzt in der Sonnenhitze und weiß nicht mehr weiter. Im Buch Hiob, 1. Kapitel Vers 20 lesen wir:

»Da stand Hiob auf und zerriss sein Kleid und raufte sein Haupt; und fiel auf die Erde und betete an.«

Dann kommen seine Freunde und machen ihm Vorwürfe, dass er ja selbst daran schuld sei ... Freunde können ja manchmal so direkt sein.

Die Frage »Was habe ich nur falsch gemacht, dass mich Gott so bestraft?« stellen sich auch heute manche Menschen.

Aber ich gehe nicht davon aus, dass Gott uns strafen will.

Chiara: Gott will uns durch Krankheiten oder anderes Leid nicht strafen. Es sind eher Situationen, die wie Steine sind, über die wir stolpern können. Aber wir können auch über sie hinweggehen. Dies kann uns auch stärker machen und uns helfen, das Leben tiefer zu verstehen.

Albert: Viele Probleme und das Leid, das daraus hervorgeht, sind auch oft von Menschen gemacht:

Gott will doch nicht, dass Menschen Kriege führen, sich gegenseitig töten und unterdrücken.

Gott will nicht, dass Kinder verlassen werden oder verhungern.

Das ist alles gegen Gottes Liebe – widergöttlich sozusagen. Solche Menschen handeln direkt gegen Gott.

Es ist also geradezu gottlos, wenn Menschen einander schweres Leid antun.

Anderes Leid ist aber eben nicht von Menschen gemacht. Schwere Krankheiten, Tod oder auch Vulkanausbrüche, Erdbeben oder Tsunamis.

Gott zeigt uns Wege, Leid zu vermindern

Wenn wir uns Jesu Leben ansehen, können wir viele Hinweise dafür finden, wie Leid verhindert werden kann oder wie wir uns im Leid gegenseitig helfen können. Jesus hat es uns vorgelebt: Er hat Hungernden zu essen und Dürstenden zu trinken geben. Nackten hat er etwas zum Anziehen gegeben, Fremde hat er aufgenommen, Kranke oder Gefangene besucht und er hat alle Toten begraben. Das lesen wir zum Beispiel im Evangelium nach Matthäus Kapitel 25, ab Vers 34.

Würden sich die Menschen daran halten, dann könnten die, die im Dunkeln sind, wenigstens auf diese Weise spüren, dass Gott sie nicht vergisst.

Also: Wie soll ich es denn spüren, dass Gott nicht »abhaut«, weggeht, wenn es im Leben schwierig, traurig und dunkel wird?

Chiara: Wir können natürlich Gott auch weggehen lassen.

Wenn wir nicht an Gott glauben, dann lassen wir ihn gehen. Er ist zwar immer noch da, aber wir sind nicht mehr mit ihm verbunden. Wir lassen ihn dann einfach gehen ... Gott handelt über konkrete Menschen und ist so dann trotzdem bei ihnen, auch wenn sie in schwerem Leid sind.

Wir Menschen können durch unsere Liebe füreinander auch etwas von Gottes Liebe weitergeben und göttliches Licht ins Leben von Menschen bringen, die traurig sind und leiden.

Albert: Hiob, dieser Mann aus dem nach ihm so benannten »Ijobbuch« der Bibel, hat auch alles verloren. Nachdem er Gott lange sein schweres Leid geklagt hat, sagt er:

»Ich habe dich Gott in diesem meinem Leid von Angesicht zu Angesicht gesehen« (vgl. Buch Ijob, 42,5). Ich habe oft Tränen in den Augen gehabt, wenn ich Menschen in schweren Leidsituationen begleiten musste, nach Unfällen, am Bett von Schwerkranken oder bei Beerdigungen auf dem Friedhof.

Mit Tränen in den Augen sehe ich manchmal schlechter, aber mit Tränen in den Augen sehe ich möglicherweise auch anderes: Ich vertraue mich Jesus an, der selbst durch das schwere Leid hindurchgegangen ist. Erstaunlicherweise gibt mir das Kraft.

Gott ist da, auch wenn es dunkel wird

Jesus kannte das Leid von Anfang an: Kaum war er in Bethlehem geboren, musste er mit seinen Eltern Josef und Maria vor dem bösartigen Terrorkönig Herodes nach Ägypten fliehen, weil dieser ihn töten wollte. Herodes hatte nämlich Angst, dass Jesus der neugeborene König der Juden sein könnte und ihm den Königsthron wegnehmen könnte.

Welch ein dummes Missverständnis, denn Jesus wollte doch nie ein weltlicher König werden. Er war Gottes geliebter Sohn im Königreich Gottes.

Gott hat ihn in diese Welt geschickt, um uns Menschen den Himmel zu öffnen und uns zu zeigen, dass wir zum BE-REICH Gottes gehören. Wir leben in Gott und von ihm umhüllt, wie Fische im Wasser leben.

Auch für Jesus gilt: Gott haut nicht ab, wenn es dunkel wird. Jesus musste durch die Dunkelheit des Todes hindurchgehen, Gott konnte ihm dies nicht ersparen. Aber in der Auferweckung aus dem Tod öffnete sich ihm neues Leben über den Tod hinaus.

Christ:innen glauben deswegen daran, dass auch sie auferweckt werden, wenn Jesus nach einem so schrecklichen Tod auferweckt worden ist.

Wir Menschen sind also mehr als unser Körper.

Alles, was geistig ist an uns und was wir erleben, kann gar nicht sterben.

Chiara: Aber ich brauche meinen Körper auch, um Geistiges überhaupt erleben und entwickeln zu können, zum Beispiel, um die Farben der Natur aufzunehmen und ein Bild davon zu malen oder mit meinen Freund:innen im Chor zu singen. Es bleibt die Frage: Wenn der Körper nicht mehr funktioniert und das Gehirn abstirbt, ist dann all das, was ich an Geistigem hervorgebracht habe, ausgelöscht – so wie eine Festplatte gelöscht werden kann: Festplatte gelöscht – aus, basta?

Oder bleibt all das, was geistig ist an uns – zum Beispiel wenn Kinder gerade diese Gedanken lesen – für immer und ewig lebendig?

Ob wir uns dann nach unserem Tod auf der geistigen Ebene wiedererkennen oder einen neuen, geistigen Körper bekommen, können wir nicht wissen. Und ob auch Verstorbene mit ihren Angehörigen und Freunden hier auf dieser Welt in Kontakt bleiben, können wir nicht wissen.

Aber um überhaupt etwas Geistiges erleben zu können, brauchen wir dringend unseren Körper – das lässt sich beweisen. Wir wohnen in unserem Körper, wir sind unser Körper, aber eben nicht nur unser Körper.

Albert: Und genau deswegen haut Gott also nicht ab, wenn es dunkel wird. Weil er uns auch durch den Tod hindurch begleitet und uns im Tod neues Leben gibt.

Chiara: Dass der Tod das Tor zu einem neuen Leben ist, ist aber auch kritisch zu hinterfragen. Schließlich hinterlassen wir Menschen in großer Trauer, wenn sie ohne uns weiterleben müssen. Deswegen sollte man den Gedanken, dass der Tod das Tor zu neuem Leben ist, auch von dieser Art von Leid her anschauen.

Auch die Sterbenden vermissen vielleicht diejenigen, die sie zurückgelassen haben.

Sterben ist ein großer Trennungsschmerz: Wir sehen uns nie wieder so wie jetzt. Wir können nie wieder miteinander sprechen oder miteinander essen. Es ist ein Abschied für immer und dies kann sehr, sehr schmerzlich sein.

Albert: Gott ist auch in diesem Schmerz dabei, wenn wir dieses, unser kostbares Leben auf dieser Erde wieder zurückgeben müssen, weil unser Körper sterblich ist.

Er erweitert im Tod unser Leben für ein neues, anderes, ewiges Leben.

Er haut also gerade nicht ab, sondern nimmt uns für immer in seine Arme, sowohl im Leben als auch im Tod und darüber hinaus.

Durch das Gespräch mit Chiara ging es mir schon wieder besser. Mit ihren klugen Gedanken hat sie es geschafft, mir wieder bewusst zu machen, dass Gott uns nicht hängen lässt.

ZUM WEITERDENKEN UND WEITERFRAGEN:

- Hast du es schon einmal selbst erlebt, dass es dunkel und traurig war in deinem Leben?
- Was hast du dann gemacht?
- Wenn Gott trotzdem da ist, wenn es dunkel wird, wie kannst du dann zu ihm beten?
- Was können wir Menschen dazu beitragen, dass es weniger Dunkles in der Welt gibt?
- Was schlägt Jesus vor, damit es weniger Leid in der Welt gibt?
- Wie können wir einander weiterhelfen, wenn es jemandem nicht gut geht?

Bernd Jochen Hilberath

Geht's ohne Gott nicht besser?

Vielleicht habt ihr in eurer Klasse Kinder, die aus einer Familie kommen, die nicht in die Kirche geht oder gar keiner Religion angehört. Es kann sein, dass sie euch fragen werden, warum ihr in die Kirche geht und wozu ihr Gott braucht. In einem früheren Band dieser Kinder-Uni-Buchreihe haben wir ja schon mal über die Frage gesprochen: Gibt's Gott? Wenn es Gott nicht gibt, brauchen wir uns nicht um ihn zu kümmern. Wenn es ihn gibt: Worum sollten wir uns dann kümmern? Und ist das nicht anstrengend, und es wäre besser ohne Gott?

Wenn es Gott gibt …

Gibt es Gott? Ganz sicher nicht so, wie es die Erde gibt oder den Mond. Vieles, was es gibt, sehen wir mit eigenen Augen. Und vieles, was wir selbst nicht sehen, glauben wir, wenn es uns Leute sagen oder wir es auf Google oder im Lexikon überprüfen können.

Auch wer noch nicht in Paris war, weiß, dass Paris die Hauptstadt von Frankreich ist und dass es die gibt. Mit Gott ist das anders. Er steht auch in (vielen!) Büchern und man findet ihn auf Google, aber es gibt Gott doch nicht so, wie es die Erde oder

den Mond oder Paris als Hauptstadt gibt. Gott ist kein Gegenstand, der in der Welt vorkommt. Heißt das nun: Es gibt Gott nicht? Oder heißt das: Gott ist anders da als das, was es in der Welt gibt? In vielen Religionen wird gesagt: Gott ist überweltlich, er ist größer als alles, ganz anders als alles. Die Christinnen und Christen glauben, dass Gott in der Welt selbst angekommen ist. An Weihnachten feiern wir, dass Gott als Mensch unter den Menschen und mit den Menschen leben will. Seit Jesus aus dem Tod auferstanden ist, wirkt Gottes Heiliger Geist unter den Menschen. Das glauben wir Christinnen und Christen – stimmt es auch? Ist Gott von uns erfahrbar? Wie kann es diesen Gott geben? Was sagen Menschen? Ich habe Kinder gefragt, was es bringt, wenn es Gott gibt, und ob es ohne Gott einfacher wäre.

Was es ohne Gott nicht gäbe

Ohne Gott gäbe es keine Kirche. Ohne Gott gäbe es keine Taufe und keine Erstkommunion. Ohne Gott gäbe es keinen Religionsunterricht. Ohne Gott gäbe es keine »Zehn Gebote«. Aber: Gäbe es die Welt, wenn es Gott nicht gibt? Weshalb erzählen so viele, seit es Menschen gibt, davon, dass es Götter, überweltliche Geister, dass es Gott gibt? Können wir uns manches ohne Gott nicht erklären? Aber wird dann Gott nicht zu jemandem, der unsere Wissenslücken schließen muss? Vielleicht gibt es ihn gar nicht, aber wir brauchen ihn zur Erklärung? Machen wir uns also Gott zurecht so, wie wir ihn brauchen? Aber was hilft uns ein Gott, den wir uns zurechtgemacht haben? Hilft uns Gott vielleicht gerade deshalb, weil wir ihn uns nicht zurechtgemacht haben?

Warum es mit Gott gut ist

Wir wissen noch nicht genau, warum und wie die Welt entstanden ist. Kluge Wissenschaftler und Wissenschaftlerinnen bieten Erklärungsversuche an, aber ganz genau wissen wir es nicht. Ist Gott dann jemand, der diese Lücke unseres Wissens ausfüllen kann? Aber dann wäre Gott wie ein Atom, ein Baustein im Weltall. Wir können uns auch darüber freuen, dass es die Welt überhaupt gibt. Und dass es schön ist, dass es sie gibt mit all ihrer Vielfalt an Steinen, Pflanzen, Tieren, Menschen. Wenn wir sie nicht kaputtmachen, kann sie ihre Schönheit zeigen. Woher kommt die Welt, woher kommt ihre Schönheit? Wer hat sie erfunden? Macht es nicht viel Sinn, an einen Gott zu glauben, der die Welt geschaffen hat? Der also will, dass es sie gibt, dass sie schön ist, die Menschen freut – solange sie sorgfältig damit und miteinander umgehen?

»Gott beschützt mich in der Nacht und behütet mich am Tag. Das gibt mir Sicherheit, da habe ich keine Angst. Und es wäre schade, wenn es keinen Religionsunterricht mehr gäbe, wo ich etwas von Gott erfahre.«

Kinder, die gute Religionslehrerinnen und Religionslehrer haben, empfinden den Religionsunterricht nicht als Last. Ohne Gott und ohne Religionsunterricht ginge es ihnen nicht besser, im Gegenteil! Das haben mir Kinder so gesagt. Und genauso ist es keine Belastung zu beten. Alle, die glauben, beten gern zu Gott. Auch wenn es ihnen gut geht und sie Gott Dank sagen. Selbstverständlich müssen wir auch etwas tun, wenn wir an Gott glauben, aber das muss keine Last sein. Das muss auch nicht kompliziert sein – und umgekehrt nicht einfacher, wenn es Gott nicht gäbe. Wer an Gott glaubt und

betet, entwickelt auch das Gewissen. Die Gebote sind da manchmal anstrengend, aber oft auch hilfreich. Vor allem dann, wenn wir damit miteinander besser zurechtkommen.

Warum es ohne Gott nicht einfacher wird

Der Glaube an Gott kann manches erklären, was sonst unerklärlich bleibt. Das können wir dann nicht wissenschaftlich beweisen, zum Beispiel dass Gott die Welt erschaffen hat. Aber es gibt dem, was wir an großen Fragen der Menschheit nicht erklären können, einen Sinn. Etwa, dass die Welt nicht zufällig und vielleicht sinnlos ist, sondern ein von Gott gewolltes »Schmuckstück« (das bedeutet das aus dem Griechischen stammende Wort »Kosmos«).

Viele Gebote und Gesetze, die für das Zusammenleben der Menschen gelten, haben in vielen Kulturen eine religiöse Begründung. Es scheint, als würde Gott die Menschen davor bewahren, dass sie sich die Gebote und Gesetze so zurechtmachen, wie es ihnen passt. Schlimm ist es allerdings, wenn die religiösen Menschen sich selbst nicht an Gebote halten!

In vielen Religionen geht es auch um die Frage, was mit den Toten ist. Wenn es Gott gibt, lässt er dann die Toten tot sein? Was bedeutet das, wenn es in der Bibel heißt, dass Gott die Menschen erschaffen hat und sich um sie kümmert? Hört das mit dem Tod auf? Manchmal hoffen wir, Gott könnte unsere Toten wieder lebendig machen und zu uns herunter auf die Erde bringen. Wir wissen, dass Gott keine Raumfähre ist, die Menschen wie Astronauten zurückbringt. Aber wir hoffen, dass wir »hinauf« kommen können. So stellen wir uns ja den Himmel vor, weil er nun mal der Himmel über uns ist. Aber wir wissen nicht, wie Gottes Himmel aussieht. Und wir wissen nicht, wie wir dann unsere Toten wiedersehen. Aber wenn es Gott gibt, haben wir die Hoffnung, dass sie bei Gott gut geborgen sind und mit ihm »von oben« auf uns schauen und uns ein gutes Leben wünschen.

Du hast sicher schon Menschen kennengelernt, die nicht an Gott glauben, nicht zum Gottesdienst gehen und statt Religion Ethik haben. Dass es Gott nicht gibt, können sie nicht beweisen. Du kannst ihnen erzählen, warum es gut ist, wenn es Gott gibt. Und dass deshalb Religionsunterricht, Gottesdienst, Beten und sich an Geboten orientieren viel Sinn macht.

ZUM WEITERDENKEN UND WEITERFRAGEN:

- Bestimmt kennst du Geschichten über Jesus. Wenn nicht, kannst du deine Eltern fragen oder im Religionsunterricht vorschlagen, etwas über Jesus zu lesen. Was können wir von Jesus über Gott lernen?
- Obwohl du vielleicht noch nie in Paris warst und die Stadt mit eigenen Augen gesehen hast, weißt du, dass es diesen Ort gibt. Welche Beispiele fallen dir noch ein? Gibt es Dinge in deiner Umgebung, von denen du weißt, dass es sie gibt ohne sie sehen zu können?
- Unterhalte dich mit jemandem, der behauptet, dass es Gott nicht gibt. Versucht, einander aufmerksam zuzuhören. Was kannst du von Gott erzählen, das dir im Leben hilft?
- Lies auch den Beitrag von Rainer Oberthür in diesem Buch. Überlegt dann gemeinsam: Wie hilft uns Gott dabei, das Universum, den Kosmos zu verstehen?

Helga Kohler-Spiegel

Tut Glauben der Gesundheit gut?

Meine Großmutter wusste viel über Pflanzen, was man in der freien Natur essen darf und was nicht, welche Pflanzen heilend wirken und welche giftig sind. Sie wusste, was unsere Katze brauchte, wenn sie sich zurückzog. Sie konnte Obst dörren und wunderbar kochen ... Und sie wusste für viele Situationen im Leben einen guten Rat: »Wenn du Kummer hast, dann singe. Das tut gut.« Oder: »Wenn du nicht einschlafen kannst, dann sprich – immer wiederholend – ein kurzes Gebet.« Wenn sie am späteren Nachmittag den Glockenschlag vom Kirchturm hörte, dann war klar: Für heute ist genug gearbeitet. Sie war sich sicher, dass »der Glaube« auch körperlich und seelisch guttut. Wenn meine Oma »der Glaube« sagte, dann meinte sie Gottvertrauen, Zuversicht, Menschenliebe und Selbstfürsorge, dann meinte sie einen Glauben, über den man nachdenken und philosophieren kann, der Rituale im Tag und im Jahr hat und ganz viele Lieder, die wir alle gerne gesungen haben. Dann meinte sie einen Glauben, der Kraft und Halt für schwere Stunden gibt und der meine Oma mit anderen Menschen verbunden hat – im Alltag im Stadtviertel – und über die ganze Welt hinweg. Für meine Oma war klar: Glauben tut körperlich und seelisch gut.

Was hilft, damit wir uns wohlfühlen?

Heute gibt es zahlreiche Forschungen, die die Überzeugung meiner Großmutter bestätigen. Eine der bekanntesten Forschungsarbeiten ist die sogenannte »Nonnenstudie«: Ab 1986 wurden 678 katholische Nonnen aus einer katholischen Ordensgemeinschaft im Alter zwischen 75 und 106 Jahren untersucht. David Snowdon und sein Forschungsteam konnten mit ihrer Studie zeigen, was hilft, damit Menschen gesünder sind, im Durchschnitt länger leben und sich glücklicher fühlen. Vom Lebensstil der Nonnen kann man sich einiges abschauen, wenn es darum geht, bis ins hohe Alter fit zu bleiben. Später kommen wir darauf noch mal zurück.

Der Forscher Aaron Antonovsky hat bereits in den 1970er-Jahren das Konzept der »Salutogenese« begründet. »Salutogenese« heißt wörtlich übersetzt »die Entstehung von Gesundheit« und beschreibt, was es braucht, damit wir uns gesund entwickeln und gesund bleiben können. »Gesundheit« ist aber nicht nur die Abwesenheit von Krankheit, sondern Gesundheit meint »Wohlbefinden« – wir sind »gesund«, wenn wir uns an Körper und an Seele wohlfühlen, wenn unser Körper und unsere Gefühle und unser Denken im Lot sind. Das macht uns bewusst, dass wir körperliche und seelische Schmerzen haben können – beides tut weh. Und beides braucht Hilfe von Eltern oder anderen Personen, die wir gernhaben, sowie von Ärzt:innen oder Therapeut:innen.

Drei Punkte fürs Wohlfühlen

Stress kann überall auftreten – und Menschen müssen lernen, mit Stress umzugehen. Wenn wir solche Strategien für den Umgang mit Belastungen gut lernen, kann – so zeigen es die Forschungsergebnisse von Aaron Antonovsky – die tiefe Überzeugung und Zuversicht in einem Menschen wachsen, dass das eigene Leben zwar manchmal anstrengend ist, aber dass es grundsätzlich verstehbar, sinnvoll und zu bewältigen ist. Das sind drei ganz wichtige Überzeugungen: Mein Leben ist verstehbar, bewältigbar und sinnvoll. Wir fühlen uns gesünder und glücklicher, wenn unser Alltag in der Schule und in der Familie und mit Freunden nicht chaotisch, sondern klar ist. Zweitens ist für unser Wohlbefinden gut, wenn wir das Gefühl und die Zuversicht haben, dass wir die Anforderungen und Belastungen im Leben bewältigen können – alleine oder mit anderen zusammen. Und drittens ist das Grundgefühl hilfreich, dass mein Leben sinnvoll ist und dass es mein Leben wert ist, sich anzustrengen und Energie zu investieren, wenn es mal herausfordernd ist.

Bindung und Halt, Sicherheit und Orientierung

Die Basis für dieses Grundgefühl liegt am Beginn unseres Lebens. Es ist die Erfahrung von Geborgenheit, Halt und Orientierung. Man nennt das auch »Bindung«. Die US-Amerikanerin Mary Ainsworth hat darüber geforscht und entdeckt, dass Bindung eine angeborene Fähigkeit von uns Menschen ist. Wir können uns mit unseren Gedanken und Gefühlen mit jemandem verbinden, der äußerlich gar nicht da sein muss. Das meint: Wenn ich dich bitte, an eine Person zu denken, die du gernhast, die jetzt aber nicht da ist, dann kannst du das. Du kannst an eine solche Person denken und kannst richtig fühlen, dass du diese Person gernhast. Das ist »Bindung«.

Aus der Bindungsforschung ist bekannt, dass sichere Bindung ein wichtiger Grundstein für das Leben eines Menschen ist. Menschen, die sicher gebunden sind, können sich selbst besser steuern, sie können ihre Gefühle besser regulieren, sie können sich selbst trösten und sind stabiler gegenüber Herausforderungen des Lebens. Sie können besser auf andere Menschen zugehen und Beziehungen eingehen. Viel-

leicht denkst du dir, dass das ungerecht ist – denn manche Kinder haben das Glück, in einer Familie aufzuwachsen, in der es viel Halt und Geborgenheit und Freiraum und Orientierung gibt. Andere Kinder wachsen in schwierigeren Situationen auf, aber hoffentlich haben diese Kinder außerhalb der Familie jemanden, der sie stärkt und ihnen Halt gibt, vielleicht ist das eine verwandte Person oder eine Lehrperson, ein:e Sporttrainer:in, eine Nachbarin, eine Freundin oder ein Freund. Und wir wissen: Wenn Menschen gut mit Gott verbunden sein können, wenn ihr Glaube ihnen viel Zuversicht und Mut gibt, dann kann auch der Glaube an Gott ganz wichtig sein, um sich sicher und stark zu fühlen.

Die Bibel erzählt von Beziehung

Die Bibel erzählt viele Geschichten, die zeigen, dass Menschen im Herzen mit Gott verbunden sind – wenn sie Angst haben, wenn sie sich alleine fühlen, wenn sie vor einer großen Herausforderung stehen, wenn sie etwas Neues versuchen wollen, wenn sie ganz glücklich sind, wenn sie verliebt sind … Die Erzählungen in der Bibel erinnern die Menschen immer wieder daran: Da ist ein Gott, der die Menschen sieht und hört, der mit den Menschen in Beziehung ist, der die Menschen begleitet – durch dick und dünn. Der Name Gottes ist »JHWH« – Christinnen und Christen sprechen das als »Jahwe« aus, übersetzt heißt der Name Gottes: »Ich bin da, als der oder die ich da sein werde.« Das ist ein schöner Name für Gott, finde ich: »Ich werde da sein, ich bin da.« Wenn wir Gott so nennen, steht im Mittelpunkt, dass Gott für uns da ist. Dazu passen auch die Gedanken von Helena Stockinger zum Geschlecht Gottes in diesem Buch.

Manche Menschen machen leider auch belastende Erfahrungen mit ihrer Religion. Manche Menschen erleben Glauben und Religion als etwas, was ihnen Angst macht. Und manche Menschen interpretieren Religion sogar in einer schlimmen Weise, zum Beispiel um zu rechtfertigen, anderen Leid zuzufügen. Wenn das passiert, hat sich Religion in ihr

Gegenteil verkehrt, denn Gott meint es mit allen Menschen gut! Kein Glaube und keine Religion bezwecken, andere Menschen leiden zu lassen. Wer so extremistisch denkt, wer radikal und abwertend handelt, dem geht es häufig seelisch nicht gut. Er oder sie nutzt dann die Religion, um Gewalt zu rechtfertigen, aber das ist falsch. Es ist für unsere Gesellschaft wichtig, diesen Menschen zu helfen, damit nicht im Namen von Religion Gewalt oder gar Krieg verübt wird. Und dass es auch uns selbst guttut, wenn wir anderen helfen, hat Sabine Pemsel-Maier in ihrem Beitrag in diesem Buch näher untersucht.

Psychisch widerstandsfähig

Es gibt noch eine Forschungsrichtung, die bei der Frage, ob Glauben der Gesundheit guttut, spannende Ergebnisse geliefert hat – die sogenannte Resilienzforschung. »Resilienz« ist ein Fremdwort und stammt aus der Physik. Es bezeichnet in der Werkstoffkunde die Fähigkeit eines Werkstoffes, sich verformen zu lassen, und dennoch in die ursprüngliche Form zurückzufinden. Heute wird dieser Begriff »Resilienz« auch in der Psychologie verwendet, um Menschen zu beschreiben, die die Fähigkeit haben, belastende Situationen so zu meistern, dass sich eine Person trotz außergewöhnlichen Situationen positiv entwickeln kann. Wir könnten auch sagen: Resiliente Menschen können nach Belastungen, nach Stress, nach Krankheit oder nach einem großen Kummer wieder in ihre Kraft und Stärke zurückfinden.

Forscherinnen und Forscher haben entdeckt, dass man »Resilienz« lernen und üben kann – und auch üben muss. Es sind acht Punkte, die uns »resilient«, die uns stark und widerstandsfähig machen:

- Wir können entdecken, dass auch in belastenden Zeiten manch Erfreuliches bleibt: Ich kann, wenn ich Kummer habe, mich dennoch über mein Lieblingsessen freuen, oder mit meinen Geschwistern, Freund:innen oder dem Haustier spielen.
- Es hilft uns Menschen, wenn wir Dinge, die wir nicht verändern können, akzeptieren. Zum Beispiel: »Ich bin körperlich kleiner als andere, das ist eben so.«
- Wir können überlegen, was wir als Nächstes tun können, immer: Schritt für Schritt für Schritt.
- Wenn etwas nicht gelingt, ist das kein Scheitern, sondern wir schauen, was wir daraus lernen können.
- Wir versuchen, immer wieder ins Handeln zu kommen, und wir überlegen, was wir jetzt tun könnten, damit die Situation vielleicht besser wird.
- Wir verbinden uns mit anderen Menschen. Das ist wunderbar. Ich überlege, wer mir zuhören und mich unterstützen könnte, wer Zeit für mich hat und mir helfen könnte.
- Ich stelle mir eine gute Zukunft für mich vor. Ich kann mir vorstellen, was ich für einen Beruf lernen, wie ich leben möchte … Ich mache mir gute Bilder von meiner Zukunft.
- Und ich bin bereit, immer wieder neu zu lernen und mich zu entwickeln …

Heute wissen wir, dass diese Faktoren wichtig sind, damit wir uns wohlfühlen und damit uns das Leben Freude macht. Und heute wissen wir, dass wir diese Fähigkeiten lernen und üben können.

Rhythmus und Rituale

Vielleicht kennst du das Wort »Rhythmus«, oft wird es in der Musik verwendet. Es bezeichnet einen regelmäßigen Ablauf, etwas gleichmäßig Wiederkehrendes. Wenn mein Tag einen guten Rhythmus hat, dann meint das, dass ich einen guten Ablauf im Tag habe: aufstehen und frühstücken, zur Schule gehen, zu Mittag essen, spielen ... Die Nonnenstudie, von der ich eingangs gesprochen habe, macht deutlich, dass eine gewisse Regelmäßigkeit für unsere Gesundheit und unser Wohlbefinden sehr wichtig ist.

Für diese Grundordnung, diese Regelmäßigkeit sind auch Ausnahmen und Unterbrechungen wichtig. Während der Woche können Samstag und Sonntag solche Ausnahmen sein, die einen anderen »Rhythmus« haben. Das Schuljahr wird unterbrochen von Ferienzeiten – das ist gut so: Regelmäßigkeiten und Unterbrechungen, beides ist wichtig. Diese Mischung von Regelmäßigkeiten und Unterbrechungen zeigt sich auch in den Religionen. Werktage und Feiertage, Alltag und Feste wechseln sich ab, im Ablauf des Tages, der Woche und des Jahres sowie des ganzen Lebens erinnern Religionen daran: Es ist für unser Wohlbefinden gut, beides zu haben: regelmäßige Abläufe und Ausnahmen davon.

Und vieles mehr, was uns guttut ...

Es gibt noch vieles zu nennen, was uns Menschen guttut:

- An jemanden denken, den ich gernhabe.
- Mit anderen Menschen zusammen sein.
- In der Natur sein, wenn das möglich ist.
- Stärkende Erzählungen und Geschichten lesen oder hören.
- Lieder singen oder hören, die mir Kraft geben. Oder selbst Musik machen.
- Bewegung und Sport, allein oder mit anderen zusammen.
- Oder einfach: Einatmen und ausatmen.

Religionen erzählen zahlreiche Geschichten und kennen Gebete, Abläufe und Rituale, die Menschen stärken. Religion erinnert daran, dass wir unseren Blick immer wieder auf das lenken, was gelungen ist, was Freude macht. Ich kann z.B. jeden Morgen an etwas denken, worauf ich mich heute freue. Ich kann abends vor dem Einschlafen an etwas denken, wofür ich heute dankbar bin. Ich kann an Menschen denken, die ich gernhabe, und ihnen etwas Schönes wünschen. Ich kann jemandem etwas Gutes tun, ein liebes Wort sagen, ein Lob aussprechen oder einen Dank. Ich kann das selbst beeinflussen. Und das ist die Ermutigung, warum so viele Menschen wissen, dass ihnen ihr Glaube guttun kann …

ZUM WEITERDENKEN UND WEITERFRAGEN:

- Vielleicht magst du jemanden von deiner Familie fragen, was er oder sie tut, um sich wohlzufühlen?
- Hast du regelmäßige Abläufe, die deinen Alltag prägen?
- Fällt dir ein Ritual ein, das dir im Alltag guttun könnte? Z. B.: Am Morgen nach dem Aufwachen an etwas Schönes denken? Oder am Abend vor dem Schlafen an etwas denken, wofür du dankbar bist? Oder gibt es ein ganz anderes Ritual für dich, das dich stark macht?
- Manchmal ist es auch gut zu überlegen: Wem würde ich mich anvertrauen, mit wem würde ich reden, wenn ich Kummer habe?

Sabine Pemsel-Maier

Warum helfen manche Menschen einfach so?

Große und kleine Hilfen

Ich bin sicher, dass du schon mal jemandem geholfen hast oder dass du das sogar regelmäßig tust: zum Beispiel deinem Freund bei den Hausaufgaben, oder deiner Freundin beim Turnen, wenn du ihr zeigst, wie man konzentrierter auf dem Schwebebalken balancieren kann, oder deinem Bruder beim Zimmeraufräumen, oder deinen Eltern beim Einkaufen, oder deiner Oma, als sie plötzlich gestürzt war. Ich bin genauso sicher: Du kennst Beispiele von Kindern oder Erwachsenen, die anderen geholfen haben. Manche der Geschichten, die damit verbunden sind, sind ganz alltäglich, andere sind außergewöhnlich und sehr eindrucksvoll. So gibt es Menschen, die ihr ganzes bisheriges Leben und ihre schöne Wohnung aufgegeben haben, um Menschen in anderen Ländern zu helfen, die sehr arm sind oder wo eine große Hungersnot herrscht, oder wo es viel zu wenig Ärztinnen und Ärzte gibt, sodass die Menschen dort sterben würden, wenn ihnen niemand hilft.

Ich kann mir vorstellen, dass du dich schon mal gefragt hast: Warum helfen die eigentlich? Vor allem: Warum helfen sie einfach so, ohne dass sie etwas davon haben?

Helfen macht glücklich

Vielleicht überrascht es dich, wenn du jetzt erfährst: Helfen macht glücklich. Vielleicht aber hast du das auch schon selbst erlebt. Glücklich ist man nicht nur, wenn einem geholfen wird, sondern auch, wenn man selber für andere etwas tun kann. Das zeigen große Studien aus der Wissenschaft. Na ja, wirst du vielleicht sagen, manchmal ist es ganz schön nervig, wenn man anderen helfen muss, beim Aufräumen der Küche zum Beispiel. Das macht nicht gerade glücklich. Das stimmt: Nicht immer macht Helfen glücklich, vor allem dann nicht, wenn man nicht freiwillig hilft. Aber erinnerst du dich an eine Situation, wo es dich ganz froh gemacht hast, dass du jemandem etwas Gutes tun konntest? Als du die Freude und die strahlenden Gesichter der anderen gesehen hast – und dich selbst gefreut hast? Oder als du die Dankbarkeit der anderen gespürt hast, weil du etwas getan hast, das nicht selbstverständlich ist?

Das meine ich, wenn ich und viele Studien zu dem Schluss kommen, dass Helfen glücklich macht. Erwachsene, die zum Beispiel Geflüchteten kostenlos Deutschunterricht geben oder für Obdachlose Spenden sammeln oder mit alten Menschen, die allein nicht mehr raus können, spazieren gehen, kennen genau diese Freude. Und Kinder kennen sie auch, wenn sie eine neue Mitschülerin zu ihrem Geburtstag einladen oder an Weihnachten eine Geschenkeaktion für andere Kinder machen.

Ohne gegenseitige Hilfe kann eine Gemeinschaft nicht überleben

Wenn Menschen nur helfen würden, weil es sie glücklich macht, wäre das allerdings nicht gut. Denn dann würde es beim Helfen nur um die eigene Person, um mich selbst gehen. Echter Hilfe aber geht es um die anderen. Wenn manche Menschen sagen: »Was gehen mich denn die anderen an?«, dann vergessen sie, dass wir ohne andere Menschen gar nicht leben, ja, nicht überleben können. Das beginnt schon, wenn ein Baby zur Welt kommt. Es ist so klein und hilflos, dass es ohne Menschen, die sich um den Winzling kümmern, sterben würde, denn er braucht Nahrung und Pflege und Zuwendung. Und es geht weiter: Kinder brauchen Eltern (und Großeltern und andere Verwandte), sie brauchen weitere Erwachsene, die ihnen etwas erklären, sie brauchen Freunde und Freundinnen, Lehrerinnen und Lehrer und so weiter. Du kannst die Reihe noch beliebig ergänzen. Alles das, was sie für dich und für andere tun, hat mit Helfen und mit Hilfe zu tun: Es ist Hilfe zum Leben, zum Großwerden, zum Sich-Weiter-Entwickeln, also eine andere Art von Hilfe als die im Haushalt, aber es ist Hilfe. Wir sind immer auf andere angewiesen. Ohne die Hilfe und Unterstützung von anderen kann eine Gemeinschaft nicht überleben, egal ob es eine Familie oder eine Schulklasse oder eine Sportmannschaft ist.

Helfen hat etwas mit Religion und dem Glauben an Gott zu tun

Es gibt noch einen weiteren Grund, warum manche Menschen häufig und gern anderen helfen: Das hat mir ihrer Religion zu tun. Alle Religionen fordern dazu auf, anderen zu helfen. Denn Helfen hat etwas mit Gott zu tun. In allen Religionen ist es eine tiefe Überzeugung des Glaubens, dass Gutes tun und anderen helfen, ein hoher Wert ist, egal ob wir Christinnen und Christen, oder Jüdinnen und Juden, Muslime und Musliminnen oder Buddhistinnen und Buddhisten oder Hinduisten/Hindugläubige sind oder einer ganz anderen Religion angehören. So gehört für Musliminnen und Muslime das Helfen zu ihrer Religion, vor allem das Almosen-Geben, die Spende für arme Menschen. Sie soll das Gemeinschaftsgefühl zwischen Muslimen fördern. Wenn du muslimische Mitschüler und Mitschülerinnen hast, lass dir von ihnen davon erzählen. Auch im Buddhismus, der Religion, die in Asien weitverbreitet ist, gilt der Grundsatz: Gib, ohne etwas dafür zu erwarten. Welche Bedeutung das Helfen im Christentum hat, darüber denken wir gleich noch ausführlicher nach.

Den Menschen, die an Gott glauben und die religiös sind, ist es also besonders wichtig, anderen zu helfen – es sollte ihnen zumindest besonders wichtig sein. Wir wissen nicht, ob sie mehr und häufiger helfen als diejenigen, die nicht religiös sind. Aber sie haben besondere Gründe, ihre Hilfe geschieht aus einer besonderen Motivation heraus, nämlich aus ihrem Glauben, dass es Gottes Wille ist, dass Menschen einander helfen.

»Was ihr dem geringsten meiner Brüder und Schwestern getan habt, das habt ihr mir getan«

Schauen wir jetzt noch genauer auf das Christentum. In der Bibel, dem heiligen Buch der Christinnen und Christen, sagt Jesus: »Was ihr dem geringsten meiner Brüder und Schwestern getan habt, das habt ihr mir getan.« Das steht im 25. Kapitel des Matthäusevangeliums; dort ist es der 40. Vers. Mit den »Brüdern und Schwestern« sind nicht nur unsere leiblichen

Geschwister gemeint, sondern alle Menschen um uns herum, mit denen wir zusammenleben. Dieser Satz ist nicht ganz leicht zu verstehen. Er meint, dass das, was wir für sie tun, genauso wichtig ist und genauso viel Wert hat, wie wenn wir es für Jesus selbst tun. Immer wieder ruft Jesus dazu auf, dass wir barmherzig sein sollen. Barmherzigkeit – dieses Wort hast du vielleicht noch nie oder nur ganz selten gehört. Darin steckt das Wort »Herz«. Wer barmherzig ist, hat ein Herz für andere und tut ihnen Gutes.

Die Erzählung vom barmherzigen Samariter

Um zu zeigen, was er damit meint, erzählt Jesus von einem Mann, der beim Volk Israel, dem Volk, dem Jesus angehörte, nicht anerkannt und sogar ausgeschlossen war, weil er einem anderen Volk angehörte. Das war das Volk der Samaritaner. Und ausgerechnet dieser Mann, ein Samariter, half einem Verletzten, der hilflos auf der Straße lag, weil er von Räubern überfallen wurde – während andere, darunter auch ein Priester, einfach vorübergingen und nichts taten. Jesus erzählt diese Geschichte vom »barmherzigen Samariter« nicht einfach deswegen, weil es eine schöne Geschichte ist, sondern er will damit den Menschen seiner Zeit und ebenso auch uns etwas sagen. Er sagt nämlich: »Geh und handle genauso!« So wie der Samariter geholfen hat, sollen und können auch wir helfen, auf ganz unterschiedliche Art und Weise.

Hilfe hat viele Gesichter

Helfen hat viele Formen und viele Gesichter: Es kann durch Geld geschehen, oder durch Sachspenden, wenn man anderen Kleidung oder Lebensmittel oder Spielzeug schenkt. Helfen geschieht aber auch, wenn man anderen Zeit und Aufmerksamkeit schenkt. Das ist besonders wichtig, weil viele Menschen immer in Eile sind und wenig Zeit haben. Wenn ich aber jemandem Zeit schenke, zeige ich, dass er oder sie mir wichtig ist. Zeit und Aufmerksamkeit schenken – das ist die Art und Weise, wie vor allem Kinder helfen können, die ja normalerweise selbst nicht viel Geld haben. Ihr könnt zum Beispiel helfen, indem ihr anderen etwas von eurer Zeit abgebt und mit ihnen spielt oder sie besucht oder ihnen Nachhilfe gebt oder oder oder … Helfen können Kinder auch, indem sie für einen guten Zweck basteln oder musizieren oder Kuchen verkaufen (aber nicht von Mama oder Papa allein backen lassen!) und dafür Geld sammeln. Vermutlich hast du noch weitere Ideen, wie du helfen kannst …

ZUM WEITERDENKEN UND WEITERFRAGEN:

- Teile ein Blatt in zwei Spalten. Schreib in die eine Spalte, wer dir schon alles geholfen hat, und in die andere Spalte, wem du schon geholfen hast. Wo steht mehr?
- Lies die Erzählung vom barmherzigen Samariter oder lass sie dir vorlesen. Du findest sie in der Bibel im Lukasevangelium, im 10. Kapitel, ab dem Vers 25. Du kannst sie auch nachspielen.
- Überleg mit deinen Eltern oder Großeltern, deinen Freunden, deiner Klasse oder anderen: Könnt ihr eine kleine Aktion durchführen, um anderen Menschen zu helfen?
- Informier dich über Hilfsaktionen von Kindern für andere Kinder – und lass dir von deinen Eltern oder deinen Lehrerinnen und Lehrern dabei helfen. Die bekannteste ist die Sternsinger-Aktion um das Fest der Heiligen Drei Könige im Januar, eine andere der Weltmissionstag der Kinder in der Adventszeit. Findest du noch weitere?
- Wenn du andere Kinder kennst, die bei einer solchen Aktion mitmachen: Frag sie, warum sie das tun und warum es ihnen Freude macht. Und wenn du selbst mitmachst: Erzähl anderen davon!

Levi Israel Ufferfilge

Was bringt's, an G'tt zu glauben? Eine jüdische Sichtweise

Weißt du, ich hätte es beinahe nicht geschafft, dir eine Antwort zu geben. Und ich fühlte mich deshalb ziemlich schlecht, verbrachte schlaflose Nächte. Als ich gefragt wurde, bei diesem Buch mitzuarbeiten und genau diese Frage zu beantworten, war ich begeistert. Aber als ich darüber nachdachte, bin ich fast verzweifelt. Immer wieder schrieb ich oben auf ein Blatt Papier »Was bringt's, an G'tt zu glauben?« und habe mich an einer Antwort versucht. Ein Mal. Ein zweites Mal. Ein drittes Mal und bald ein siebtes Mal. Dazwischen las ich meine Antworten, und ich war mir sicher, dass sie nicht gut genug waren. Manchmal antwortete ich auch überhaupt nicht auf die Frage, sondern schrieb nur irgendetwas, was klug klingen sollte. Beim achten Versuch schrieb ich einen Mix aus meinen ersten sieben Antworten, schrieb einen Nachmittag und eine Nacht hindurch, weil ich endlich eine Antwort für dich finden wollte. Es half alles nichts. Ich schrieb am Ende sogar den Macherinnen des Buches, das du in Händen hältst, dass ich die Frage »Was bringt's, an G'tt zu glauben?« nicht gut genug beantworten könnte. Aber sie machten mir Mut. Ein letztes Mal solle ich es versuchen.

Fragen über Fragen

Du hast sicherlich neben dieser Titelfrage viele andere Fragen – mich beschäftigen zum Beispiel immer wieder diese hier: Warum lebe ich eigentlich? Also wie funktioniert Leben? Und warum lebe ausgerechnet ich? Woher kommt das Leben? Woher kommt alles? Was war, bevor es alles gab? Warum gibt es alles überhaupt? Was passiert mit allem, wenn es nicht mehr ist? Und was passiert mit mir, wenn ich nicht mehr bin? Und was hat das alles mit G'tt zu tun? Was habe ich mit G'tt zu tun? Warum sollte ich – gerade ich – an ihn glauben? Was bringt das, an G'tt zu glauben?

Das waren 13 Fragezeichen. Zähl ruhig nach. Und es ist, als würden diese 13 Fragezeichen Arme sein, die einander einhaken: Sie gehen Arm in Arm, eine Frage hängt mit der anderen Frage zusammen. Schau einmal genau hin: ?????????????

Keine dieser Fragen ist leicht zu beantworten, nicht nur die letzte, mit der ich so große Schwierigkeiten habe. Ich wollte dir auf alles eine leicht verständliche Antwort geben, aber stattdessen müsste ich dir auf die meisten Fragen antworten: »Das weiß ich nicht«, oder: »Das weiß ich nicht sicher, aber ich glaube …«, oder nur: »Ich glaube, dass …«. Vielleicht auch: »Manche würden dies sagen und andere das«, oder sogar: »Ich denke, darauf gibt es keine Antwort, aber das ist in Ordnung.« Am wichtigsten ist mir nämlich, dass ich dir keine falsche Antwort gebe. Dann lieber eine, die ein bisschen kompliziert ist, aber dafür ehrlich.

Eine direkte Antwort habe ich also nicht, aber natürlich fällt mir viel zu allen Fragen ein. Am liebsten würde ich dir viele Momente, viele Situationen, viele Stunden und Tage und sogar Jahre ganz detailliert nacherzählen, meine Gedanken und Gefühle mit dir teilen, sodass du einmal mit meinen Augen siehst, durch meine Ohren hörst, meinen Herzschlag spürst und verstehst, was für ein Mensch ich bin, wie ich aufgewachsen bin, was ich bisher erlebt habe, wie ich deshalb ticke und wer ich bin.

Dann würdest du wahrscheinlich am einfachsten verstehen, wie selbstverständlich mir G'tt ist und schon immer war. So selbstverständlich, wie mich meine Oma als kleines Kind immer ins Bett gebracht hat. So selbstverständlich wie Ein- und Ausatmen oder das Brennen in der Brust, wenn ich gerannt bin. So selbstverständlich wie ich weiß, dass mich meine Eltern lieben. So selbstverständlich wie ich Liebe fühle und Hoffnung spüre. Und würde jemand fragen: »Was bringt's, an Liebe zu glauben?«, dann würde ich mich genauso über die Frage wundern. Oder: »Was bringt's, an deine Mutter zu glauben?«, das wäre ebenso seltsam.

Eine Erinnerung als Hilfe

Was bringt's also, an G'tt zu glauben? Ich versuchte mir vorzustellen, was meine Oma, die ein sehr weiser, kluger und lieber Mensch gewesen ist, geantwortet hätte. Ich konnte mich bisher immer daran erinnern, welche Weisheiten sie früher gesagt hatte oder was sie wohl heute Kluges in einer Situation sagen würde. Zuerst: Nichts. Kein Einfall. Keine Idee. Die Antwort darauf konnte doch nicht unmöglich sein!

Plötzlich aber, plötzlich fiel es mir auf!

Dass mir selbst keine Antwort gelingt und mir auch keine einfache Antwort meiner klugen Oma einfällt, liegt nicht an der Antwort an sich oder daran, wie schwierig es ist zu antworten. Ich werde diese Frage nicht beantworten können, weil ich Jude bin. Denn so, wie ich als Jude G'tt begreife, seit ich denken kann, passt das nicht zu dieser Frage. Es ist, als wäre in der Frage von jemand anderem die Rede als von dem mir so vertrauten G'tt. Und da kam mir eine Erinnerung an eine Situation und an meine Oma, die schon damals, als ich ein Kind war, sehr gut erklären konnte. Bestimmt hilft uns diese Erinnerung nun auch bei der Antwort auf unsere Frage.

Ich kam eines Tages – da muss ich ungefähr so alt gewesen sein wie du jetzt – von einem Kindergeburtstag nach Hause und lief meiner Oma weinend in die Arme. Auf dem Geburtstag hatte mich ein Mädchen sehr geärgert. Es hatte mir gesagt, dass die vielen Regeln im Judentum – es sind immerhin 613 an der Zahl – dumm seien und unmöglich einzuhalten. Das Mädchen machte mir sogar Angst: Wenn ich die Regeln aber nicht alle einhalten würde, würde ich nicht in den Himmel kommen! Wenn ich dagegen Christ wäre, müsste ich bloß an Jesus glauben, um in den Himmel zu kommen. Warum ich denn überhaupt noch an den »G'tt der Juden« glauben würde, hatte das Mädchen noch gefragt. Und es setzte sogar noch einen drauf und sorgte dafür, dass mich eine Gruppe von Kindern auslachte, so als wäre ich der größte Dummkopf. Ich schluchzte also und fragte meine Oma, warum wir uns eigentlich die ganze Mühe machen, die 613 Regeln von G'tt einzuhalten, während Christinnen und Christen das nicht machen müssen. Hatte das Mädchen vielleicht sogar recht damit, dass wir nicht in den Himmel kommen, falls wir nicht alle Regeln einhalten? Und was sollte das mit dem anderen G'tt? Gibt es einen G'tt der Jüdinnen und Juden und einen G'tt der Christinnen und Christen?

»Es gibt nur einen G'tt«, sagte meine Oma sanft und ergänzte. »Und das ist der G'tt von allen, egal ob Juden oder Christen.« Sie trocknete meine Tränen, setzte sich mit mir hin und begann zu erklären: »Aber weißt du, mein Herz, als Juden sagen wir nicht: ›Wir glauben an G'tt‹, sondern ›Wir vertrauen G'tt‹ – das ist ein großer Unterschied. Es gibt auf Hebräisch, also der Sprache, in der G'tt zu seinem Volk Israel gesprochen hat, das Wort Emunah. Viele denken, dass dieses Wort ›Glaube‹ bedeuten würde, denn wir benutzen es, um auszudrücken, was wir als Juden mit G'tt ›machen‹. An ihn glauben, das würde naheliegen, nicht wahr? Aber Emunah heißt ›Vertrauen‹. G'tt ist da. G'tt ist eine Tatsache. Und wir vertrauen ihm. Wir haben das Vertrauen, dass G'tt es gut mit uns meint. Und er weiß, was für uns das Richtige ist. G'tt hat uns 613 Regeln gegeben, nicht um uns das Leben schwerzumachen, sondern im Gegenteil, um durch sie ein gutes Leben haben.«

Ich lächelte. Meine Oma war immer die Beste darin, meine Fragen zu beantworten und mich zu trösten. »Und wenn wir alle Regeln einhalten, dann kommen wir in den Himmel?«, hakte ich zur Sicherheit nach. Meine Oma antwortete mit einer Geschichte: »Habe ich dir je von einem der ersten Rabbiner erzählt?« Ich wusste damals schon, was Rabbiner sind – jüdische Gelehrte. Aber die Erzählung kannte ich nicht, schüttelte also den Kopf. »Er hatte den griechischen Namen Antigonos, kam aus einem Ort namens Socho im Lande Israel und lebte vor ungefähr 2300 Jahren. Der sehr kluge Antigonos wurde damals von seinen Schülern gefragt, wann man denn seine Belohnung dafür bekommt, dass man auf G'tt vertraut und macht, was G'tt möchte. Wird man dafür schon in dieser Welt belohnt, also dann, wenn man lebt? Oder wird man erst nach dem Tod im Himmel dafür belohnt, dass man gemacht hat, was G'tt möchte? Der große Antigonos aus Socho schüttelte über diese Frage nur den Kopf und erinnerte seine Schüler daran, dass wir als Juden nicht fragen, was es uns bringt, an G'tt zu glauben und zu befolgen, was in seiner Heiligen Schrift steht. Wir fragen nicht danach, was dabei für uns herausspringt, wenn wir uns mit G'tt beschäftigen. Und wir fragen nicht nach einer Anerkennung für die guten Taten, die G'tt von uns möchte. Denn wir vertrauen G'tt. Nicht wegen einer Belohnung vertrauen wir auf G'tt. Wir versuchen nicht, gut zu denken, gut zu reden und gut zu handeln, weil es etwas für uns bringt. Wir erwarten keine Belohnung.«

»Aber Oma«, fragte ich, »warum genau erwarten wir Juden keine Belohnung von G'tt? Das Mädchen vom Kindergeburtstag hat so viel über den Himmel als Belohnung geredet …?« Nun lächelte meine Oma. »Na, weil wir schon so enorm viel von G'tt als Belohnung bekommen haben! G'tt hat uns unser Leben geschenkt. Das Leben ist ein Wunder. Das Leben ist alles, was du hast, was du fühlst und erlebst. Und G'tt hat genau dir das Leben geschenkt. G'tt schenkt dir außerdem seine Liebe und er passt auf dich auf. G'tt kümmert sich um dich, um mich, um uns alle. G'tt hat uns also schon großzügig belohnt, noch bevor wir das erste Mal darüber nachdenken, ob es sich überhaupt lohnt, sich mit G'tt auseinanderzusetzen.«

Meine Oma rückte noch ein Stückchen näher zu mir heran: »Aber mehr noch als das: G'tt hat dir einen Teil von sich selbst geschenkt, als er dir eine Seele gegeben hat.

Deine Seele steckt tief in dir drin. Manchmal nimmst du sie wahr als deine innere Stimme. Deine Seele ist das, was dich besonders macht. Und weil deine Seele direkt von G'tt kommt, kehrt deine Seele am Ende deines Lebens wieder zu G'tt zurück. Wie genau das passieren wird und wie es für unsere Seele nach dem Tod aussieht, darüber sollten wir uns keine großen Gedanken machen. Natürlich denkt man schon einmal darüber nach. Manche Juden stellen sich das Jenseits wie den Garten Eden vor, andere wie eine Art Stadt im Himmel und wieder andere als einen Ort, an dem man vor allem mit seiner Familie zusammen ist. Aber die Rabbiner sagen, dass das alles nur Bilder sind, die uns helfen sollen, zu verstehen. Jetzt im Leben vertrauen wir G'tt und darauf, dass unsere Seele zu G'tt zurückkehren wird und dass das gut ist. Denn warum sollte ich nicht dem vertrauen, der mir mein Leben und meine Seele gegeben hat? Da mache ich mir also keine Sorgen.«

G'tt im Leben entdecken

Siehst du, meine Oma konnte das viel besser erklären als ich. Als Jude vertraue ich G'tt also, weil G'tt mir schon so viel geschenkt hat, ohne dass ich dafür irgendetwas tun musste. Ich bin G'tt dankbar für mein Leben und für seine Liebe, seinen Schutz und sein Kümmern um mich. Und wenn ich zu G'tt bete oder seine Worte lerne, lasse ich meine Seele zu G'tt sprechen und fühle mich G'tt damit besonders nah. G'tt in meinem Herzen und in meinen Gedanken alles sagen zu können, fühlt sich für mich oft wie ein Geschenk an. Ich kann sogar mit meinen ganzen Sorgen und Unsicherheiten zu G'tt kommen und zum Beispiel berichten, dass ich schlaflose Nächte hatte, weil ich dachte, eine Frage nicht so gut beantworten zu können. Ich kann mich G'tt gegenüber ganz öffnen und ehrlich sein. Was ich dir damit sagen möchte, ist, dass man nicht einfach so an G'tt glaubt oder eben nicht, sondern dass es vor allem darauf ankommt, sich G'tt in unserem Leben bewusst zu machen. Und ist er uns erst bewusst geworden, ist er so selbstverständlich wie die Wärme der Sonne auf deiner Haut oder das Gefühl der Geborgenheit in den Armen der lieben und klugen Oma.

Weißt du, ich hatte das große Glück, dass meine Oma mir geholfen hat, G'tt in meinem Leben zu entdecken, zu ihm zu sprechen und ihm zu vertrauen. Ich hoffe, dass ich dir nun ein kleines bisschen dabei geholfen habe, G'tt in deinem Leben zu entdecken.

ZUM WEITERDENKEN UND WEITERFRAGEN:

- Macht es für dich einen Unterschied, ob du an G'tt glaubst oder auf G'tt vertraust? Klingt ein Gebet anders, wenn du einfach auf G'tt vertraust – benutzt du vielleicht andere Wörter oder betest du im Stehen oder im Sitzen?
- Weißt du, wieso Jüdinnen und Juden »G'tt« schreiben? Vielleicht kannst du eine jüdische Person fragen oder gemeinsam mit Erwachsenen im Internet recherchieren.
- Hilft dir deine Oma oder dein Opa auch, wenn es dir schlecht geht oder du eine Frage hast? Glauben deine Großeltern an Gott? Tauscht euch mal aus.

Ottmar Fuchs

Was, wenn man nicht an Gott glaubt?

Viele Kinder können mit »Gott« nichts oder nicht viel anfangen. Die einen haben von Gott nichts oder wenig gehört. Die anderen können nicht an etwas glauben, was sie nicht sehen. Und wieder andere haben so viel Schlimmes erlebt, dass sie nicht mehr an einen *guten* Gott glauben können. Denn wie kann Gott sonst Krankheit und Tod zulassen?

Gott ist nicht sichtbar, aber Gott ist erfahrbar

Es ist richtig: Niemand kann beweisen, dass es Gott gibt. Aber, und das ist genauso richtig: Niemand kann beweisen, dass es Gott nicht gibt.

Gott gibt es sicher nicht wie es sonstige Dinge gibt, wie zum Beispiel eine Teekanne. Könnten wir Gott sehen, wäre er nicht anders als alles andere, was wir sehen können.

Gott wäre nicht der unendliche Gott, wenn wir ihn wahrnehmen könnten, wie all das Endliche, was wir mit unseren Sinnen begreifen: zum Beispiel all das, was wir mit unserer Vorstellung fassen, mit unserem Denken erklären, mit unserem Sehen wahrnehmen, mit unserer Nase riechen, mit unserem Hören erlauschen und mit unserem Fühlen ertasten könnten.

Es ist ähnlich wie mit der Liebe: Man sieht die Liebe nicht, aber man kann sie erleben, in der Liebe der Eltern, in der Freundschaft zwischen Kindern. Gläubige Menschen sagen: Auch wenn man Gott nicht sehen kann, kann man Gott ähnlich erleben wie Liebe, Freundschaft, Freiheit

und Gerechtigkeit. Solche Erlebnisse sind ein großes Geschenk im Leben.

Wenn ich diese Geschenke mit Gott verbinde, dann darf ich daran glauben, dass Liebe und Freundschaft niemals zugrunde gehen, auch über den Tod hinaus nicht.

Wenn etwa ein lieber Mensch stirbt, dann hören wir nicht einfach plötzlich auf, diesen Menschen zu lieben. Wir möchten, dass der geliebte Mensch nicht tot ist, dass er weiterlebt. Wer an Gott glaubt, kann daran glauben: Es gibt eine Macht, die die Menschen so liebt, dass sie sie niemals zugrunde gehen lässt. So dass auch der verstorbene liebe Mensch uns weiterhin lieben kann. Von Gott her, vom Himmel her.

Muss ich an Gott glauben?

Von Menschen, die an Gott glauben, kommt oft die Vorstellung: Man *muss* doch an Gott glauben. Auch du musst an Gott glauben!

Da möchte ich immer gerne »Warum?« fragen. Geht es mir schlechter, wenn ich nicht an Gott glaube? Ist Gott dann damit nicht einverstanden und reagiert womöglich sogar mit Strafe? Passt es Gott nicht, wenn ich zweifle?

Das kann nicht sein! Gott zwingt mich nicht gegen meinen Willen. Gott liebt mich. Und das nicht nur, wenn ich an ihn glaube oder irgendwelche Bedingungen erfülle.

Jesus denkt ähnlich von Gott. Er erzählt eine Geschichte, in der Gott mit einem Vater verglichen wird, der seinen Sohn auch dann liebt, als dieser den Vater verlässt. Der Sohn darf sich die Freiheit nehmen, anders zu handeln, als der Vater es wünscht. Das Gleiche gilt selbstverständlich auch für eine Tochter, wenn der Vater sie hätte. Und die gleiche Geschichte könnte man natürlich von der Mutter erzählen. In der Geschichte vermisst der Vater den Sohn schmerzlich und liebt ihn, auch wenn der Sohn in jeder Hinsicht weit weg ist.

Auch deine Eltern lieben dich sicher nicht nur, wenn du ihre Bedingungen erfüllst, zum Beispiel, wenn du brav bist. Sie lieben dich auch, wenn du dich danebenbenimmst. Wenn du gut bist, lieben sie dich mit Freude. Wenn du dich mal nicht so gut aufführst, lieben sie dich mit Schmerz. Aber so oder so werden sie dir sagen: »Ich werde dich immer lieben!« Denn du bleibst ihr Kind.

Noch mehr gilt das für Gott: Gott ist unendliche Liebe und unendliche Freiheit, und deswegen gibt es keine Bedingungen, auch nicht die, dass man an ihn glauben *muss*, um geliebt zu werden. Du musst also auch nicht um die Kinder Angst haben, die nicht an Gott glauben. Von unserem christlichen Glauben her zieht Gott seine Liebe niemals zurück.

Also, so verrückt es klingt: Gerade wenn ich an einen Gott glaube, der uns Liebe und Freiheit schenkt, muss ich nicht an ihn glauben, um von ihm geliebt zu werden. Wenn ich also einmal nicht mehr glauben kann oder will, brauche ich keine Angst zu haben, wenn es ihn doch gibt!

Du musst nicht an Gott glauben, damit es dir gut geht. Es darf dir auch gut gehen, wenn du nicht an ihn glaubst. Es ist wunderschön, so in Freiheit geliebt zu werden. Und es ist genauso wunderbar, so auch miteinander umgehen zu dürfen und zu können. Wunderbar ist es, an einen solchen Gott glauben zu dürfen und von ihm her Kraft für Liebe und Freiheit im eigenen Leben und Handeln zu bekommen.

Welche Hoffnung verliere ich ohne Gott?

Wenn es keinen guten Gott gäbe, würde unser Leben mit dem Tod zu Ende sein. Es gäbe keine Hoffnung auf ein Wiedersehen mit Menschen, die wir geliebt und die uns geliebt haben.

Es gibt viele Menschen, die nicht daran glauben können, dass Liebe jemals umsonst ist und einfach so mir nichts, dir nichts zugrunde geht. Liebe ist stärker als der Tod, sagen sie! Aber sie ist nur stärker, wenn sie einmal unendliche Macht hat. Also wenn die Liebe selbst Gott ist.

Und: Ohne Gott gibt es keine endgültige Gerechtigkeit. Vieles auf der Welt bleibt ungerecht: Die einen siegen und gewinnen alles, die anderen werden besiegt und verlieren alles. Nur Gott bringt über den Tod hinaus Gerechtigkeit: Kein Schmerz ist vergessen. Und die Lieblosen, die Leid zugefügt haben, werden in der unendlichen Liebe Gottes eine sehr schmerzliche Reue empfinden. Wir können dies nachfühlen: Wenn wir Menschen, die wir eigentlich lieben und die uns lieben, Schlimmes antun – dann tut uns das wirklich leid.

Denk daran: Gottes Liebe zu seinen Geschöpfen hört niemals auf. Denn eine Liebe, die mit Drohungen und Bedingungen arbeitet, kann niemals göttlich sein!

ZUM WEITERDENKEN UND WEITERFRAGEN:

- Kennst du befreundete Kinder, die mit Gott nichts oder nicht viel anfangen können? Wie geht es dir dabei, wenn sie sagen, dass sie nicht an Gott glauben? Was möchtest du ihnen sagen, ohne ihnen Angst zu machen?
- Fragt doch einmal Erwachsene, warum sie an Gott glauben. Haben sie Angst davor, ohne diesen Glauben geschädigt zu werden? Etwa, dass sie nicht in den Himmel kommen? Glauben sie dann auch, dass diejenigen, die nicht glauben, nicht in den Himmel kommen? Viele Menschen in fast allen Religionen dachten und denken so über Gott. Sie glauben dann auch, die Ungläubigen zwingen zu dürfen. Sie brachten und bringen viel Gewalt und Elend in die Welt.

Lamya Kaddor

Das große Warum – Hilft Gott uns, die großen Zusammenhänge zu verstehen?

Jede und jeder von uns kennt solche Situationen: Du willst morgens zum Unterricht oder deine Eltern zur Arbeit und plötzlich passiert etwas Unvorhergesehenes. Jemand findet seine Tasche nicht oder die Schlüssel sind verlegt. Das Auto springt nicht an, die Kette des Fahrrads ist abgesprungen.

Das geliebte Haustier ist schlapp und auffällig ruhig. Oder es kommt noch schlimmer, und ein geliebter Mensch erkrankt schwer und man kann nichts gegen eine Verschlechterung tun. Täglich hören wir von schlimmen Nachrichten, wir hören von Krieg – wie zuletzt in der Ukraine. Manchmal ereignen sich auch Naturkatastrophen wie die Flut, die 2021 Deutschland erfasste, ganze Landstriche

überflutete, mehr als 180 Menschenleben nahm und Hab und Gut hinfort spülte. Zu Beginn dieses Jahres bebte die Erde in der Türkei und Syrien. Mehr als 50.000 Menschen starben, Millionen wurden obdachlos.

Es gibt Augenblicke oder Geschehnisse, auf die wir nicht vorbereitet sind. Sie sind einfach da, und du denkst dir, warum? Wieso muss so viel Leid geschehen oder wieso habe ich immer so viel Pech? In diesen Augenblicken lassen wir uns meistens nicht hängen, sondern versuchen, so gut wie möglich auf diese Situationen zu reagieren. Trotzdem sind wir oft wütend oder genervt. Es baut sich innerlich Druck oder Traurigkeit auf, die man nicht ertragen möchte. Häufig suchen dann Erwachsene in deiner Umgebung nach Lösungen, damit doch alles so läuft, wie du es kennst.

Und natürlich gibt es auf der anderen Seite Situationen, die einfach nur gut laufen – sogar besser als du denkst: Ein Mensch, den du schon innerlich verabschiedet hattest, übersteht die schwere Krankheit doch. Eine schlimme Verletzung verheilt besser, als alle Ärztinnen und Ärzte vermutet hatten. Du bekommst einfach von jemandem etwas geschenkt. Du hast jemandem geholfen und der zeigt sich überaus erkenntlich, lädt dich vielleicht auf einen großen Eisbecher ein. Vielleicht bist du total glücklich, weil du in einem Wettkampf mit einer Schulfreundin gewonnen hast, dein Lieblingsteam überraschend im Derby gesiegt hat oder du endlich den Rekord auf der Spielkonsole geknackt hast.

Wenn wir uns solche Situationen – die guten wie die schlechten – genau anschauen und überlegen, wie oft das am Tag passiert, dann stellen wir fest: Es passiert ganz schön oft. Ja, es kommt sogar regelmäßig vor. Momente der Freude wechseln sich mit Momenten des Unverständnisses ab und das jeden Tag. Wir merken, dass kein Tag ist wie jeder andere, kein Training wie jedes andere, kein Matheunterricht wie jeder andere oder keine Geburtstagsfeier ist wie jede andere. Jede Situation ist völlig neu. Aber warum ist das so? Wieso geschehen manchmal unvorhersehbare Dinge, die wir nicht erklären können?

Einige Erwachsene versuchen, sich nicht zu viele Gedanken darüber zu machen. Sie benennen es als Zufall und suchen nach Lösungen für jeden

einzelnen Fall. Andere wiederum glauben daran, dass alle Geschehnisse wohl so sein müssen. Dass alles kommt, wie es kommen muss. Dass irgendetwas, was der Mensch nicht sieht, die Dinge lenkt. Diese Menschen sehen Geschehnisse nicht als beliebige Zufälle an, sondern versuchen, sie in einem größeren Zusammenhang zu begreifen. Sie begeben sich auf die Suche nach Antworten. Manche davon finden sie in göttlichen Erklärungen. Dazu gehören auch Musliminnen und Muslime. Sie glauben an diesen größeren Zusammenhang und finden Antworten dafür im Koran und den Überlieferungen des Propheten Muhammad.

Wer ist Gott im Islam und welche Beziehung hat er zum Menschen?

Jeder gläubige Muslim teilt zwei Grundüberzeugungen:

1. Den Glauben an einen einzigen Gott, der für sich allein steht und alles an Vorstellungskraft überragt.
2. Den Glauben daran, dass dieser Gott mit Menschen in Kontakt getreten ist, um ihnen zu erklären, dass er für sie da sei. Zuletzt offenbarte er sich dem Propheten Muhammad in Mekka, das im heutigen Saudi-Arabien liegt.

Nicht jede Offenbarung Gottes an einen Propheten oder Gesandten ist gleich – auch hier unterscheiden sich die Formen: Gott erschien Abraham im Traum, Moses sprach mit ihm hinter einem brennenden Dornbusch und Jesus konnte mit göttlicher Kraft Wunder vollbringen. Muslime glauben, dass der Erzengel Gabriel von Gott zu Muhammad gesandt wurde, um ihm direkt seine Worte zu überbringen. Diese Worte existieren noch heute in Wort und Schrift. Man findet sie im Koran. Den Koran gibt es inzwischen übersetzt in nahezu jeder Sprache der Erde und es wird kaum ein Haushalt von gläubigen Musliminnen und Muslimen weltweit existieren, in dem er nicht seinen Platz hat.

Schaut man in den Koran und versucht, die göttliche Botschaft zu verstehen, dann geht es zunächst darum: Gott bietet den Muslimen einen Bund an. Wenn Menschen an ihn glauben und ihm vertrauen, wird er an die Menschen glauben und ihnen vertrauen.

Dieses Vertrauen in Gott oder in eine übernatürliche Macht ist nicht nur typisch für den Islam. In allen anderen Religionen oder Überzeugungen geht es auch um das Vertrauen in etwas Größeres, das über den Menschen hinausgeht. Daran zu glauben, ist immer eine Herausforderung, weil sich kein Mensch Gott wirklich vorstellen kann. Gott ist eine Urkraft, die über jede Vorstellungskraft hinausgeht.

Musliminnen und Muslime vertrauen darauf, dass diese Urkraft mehr weiß als alle Menschen zusammen jemals wissen werden. Sie sind davon überzeugt, dass diese Urkraft ihnen hilft, unvorhersehbare Geschehnisse auszuhalten und sie aufzulösen. Manchmal schauen sie dazu in den Koran oder lesen etwas über den Propheten Muhammad, wenn sie Hinweise auf diese göttliche Weisheit erhalten wollen.

Kommen wir zu dem Beispiel zurück, von dem du am Anfang gelesen hast: Du stellst kurz vor der Fahrt zur Schule fest, dass die Fahrradkette abgesprungen ist. Natürlich ist das sehr ärgerlich, weil du pünktlich zum Unterricht kommen willst. Dann kommt jemand aus der Familie oder aus der Nachbarschaft, hilft dir und setzt die Kette wieder auf das Zahnrad. Du kannst wieder fahren. Super! Vielleicht hat Gott es so gefügt. Vielleicht ist es aber auch nur dem Einsatz von lieben Menschen um dich herum zu verdanken. Genau wissen wirst du es nie.

Andere Situationen lassen sich dagegen nicht durch Geschick, Mühe oder Fleiß »reparieren« – egal wie viel man davon aufbringt. Manchmal verlieren wir jemanden oder etwas, der oder das uns viel bedeutet, und wir können nichts ändern. Vielleicht hat Gott auch das so gefügt. Wir wissen es nicht, wir werden es vielleicht nie verstehen, aber wir müssen lernen, damit umzugehen und das Schicksal auszuhalten. Diese Momente kennen wir alle und jede und jeder von uns geht damit anders um.

Wie gehen wir mit dem Unvorhersehbaren und Überraschungen im Leben um?

Du hast dir bestimmt schon mal die Frage gestellt, ob es Gott wirklich gibt und wenn ja, wie er aussieht. Vielleicht hast du dich auch schon gefragt, wozu wir Menschen an etwas glauben, was wir nicht sehen, schmecken oder fühlen können? Viele sagen, dass etwas, was wir nicht naturwissenschaftlich beweisen können, nicht existieren kann. Zugleich gibt es Geschehnisse in unserem Leben, die für uns persönlich nicht erklärbar sind und oder deren naturwissenschaftliche Erklärung uns trotzdem nicht hilft, sie zu ertragen.

Jede Religion oder Weltanschauung bietet uns Menschen unterschiedliche Betrachtungsweisen vom Leben und vom Miteinander an. Muslime haben sich für den Islam entschieden, weil Gott ihnen – wie in vielen anderen Religionen – Trost spendet. Mir zum Beispiel hilft der Glaube an eine Urkraft, die barmherzig auf mich blickt und mir Wege und Techniken vorschreibt, um mich in guten und schlechten Zeiten zu beruhigen oder auch Freude zu spüren.

Ich habe 15 Jahre lang islamische Religion unterrichtet, und immer wieder wurde ich von Schülerinnen und Schülern gefragt, ob Gott existiert. Vielleicht stellst auch du dir diese Frage? Wir Menschen haben viele Fragen, wir wollen wissen, woher wir kommen und warum wir eigentlich leben. Was passiert nach dem Tod? Diese Suche nach Antworten ist sehr menschlich. Gläubige Musliminnen und Muslime sind davon überzeugt, dass Gott die Antworten auf alle unsere Fragen hat, auch wenn sie uns selbst manchmal verborgen bleiben. Das bedeutet also, dass Gott alles weiß, alles hört und alles sieht – deshalb nennen wir ihn zum Beispiel auch »der Alleswissende«, »der Alleshörende«, »der Allessehende«.

In Deutschland hat jeder Mensch das Recht, an etwas (wie Gott) zu glauben oder nicht (an Gott) zu glauben. Egal, wofür man sich entscheidet, wird das respektiert. Es gibt keine Strafe für Glauben oder Nicht-Glauben. Die Religions- und Weltanschauungsfreiheit ist ein Menschenrecht und in unserem Grundgesetz in Artikel 4 verankert. Dort heißt es:

1. Die Freiheit des Glaubens, des Gewissens und die Freiheit des religiösen und weltanschaulichen Bekenntnisses sind unverletzlich.
2. Die ungestörte Religionsausübung wird gewährleistet.
3. Niemand darf gegen sein Gewissen zum Kriegsdienst mit der Waffe gezwungen werden.

Deshalb gibt es zum Beispiel jüdischen, evangelischen, islamischen, katholischen oder auch buddhistischen Religionsunterricht an öffentlichen Schulen, aber eben auch Ethik- oder Philosophieunterricht für Schülerinnen und Schüler, die den Religionsunterricht nicht besuchen wollen.

Glauben mit Wenn und Aber

Jede und jeder Gläubige ist davon überzeugt, dass sie oder er den »wahren« oder »richtigen« Glauben für sich gefunden hat. Das lässt sich jedoch nicht einfach eins zu eins auf andere Menschen übertragen. Man kann nicht »richtig« oder »falsch« glauben. Was für dich richtig ist, ist nicht automatisch auch für deinen Nachbarn richtig. Zum Glauben gehören Fragen. Oft ist es so, dass wir zwar tief glauben, aber dennoch grübeln und zweifeln, ob das alles korrekt ist. Glauben und Zweifeln gehören zusammen. Man kann also mit Wenn und Aber glauben, mit Gott hadern und ins Zwiegespräch mit ihm gehen, und ihm trotzdem gleichzeitig vertrauen. Viele Musliminnen und Muslime bestärkt diese Art des Austausches mit Gott. Das Hinterfragen gehört zu ihrem Glauben, denn Glauben und Wissen ist nicht das Gleiche. Der Prophet Muhammad beauftragte Muslime dazu, Wissen zu suchen und sei es am anderen Ende der Welt.

ZUM WEITERDENKEN UND WEITERFRAGEN:

- Wenn du keine Menschen muslimischen Glaubens kennst, sie aber besser kennenlernen willst, dann kannst du am 3. Oktober eine Moschee in deiner Nähe zu besuchen. Der Feiertag anlässlich der Deutschen Einheit ist zugleich auch Tag der offenen Moschee in Deutschland. Viele Moscheen haben an diesem Tag nicht nur ihre Türen für Besucherinnen und Besucher geöffnet, sondern bieten Rundführungen, Vorträge und interaktive Veranstaltungen zum Kennenlernen an.
- Wenn du dich mit dem Heiligen Buch des Islams, dem Koran, beschäftigen willst, könntest du die Übersetzung des Korans in kindgerechter Sprache von der Islamwissenschaftlerin und Imamin, Rabeya Müller, und mir zur Hand nehmen: »Der Koran für Kinder und Erwachsene« ist 2022 erschienen.
- Vergleiche doch mal Koran und Bibel: Welche Unterschiede stellst du fest? Findest du Gemeinsamkeiten?

Julia Münch-Wirtz und Reinhold Boschki

Warum gehen Menschen in Kirchen, Moscheen oder Synagogen??

Im Islam gehen Menschen freitagnachmittags zum Beten – manchmal im Gebetshaus, das bei ihnen »Moschee« heißt, manchmal aber auch draußen. Viele Jüdinnen und Juden gehen am Freitagabend und am Samstag in die »Synagoge«. Wenn Christinnen und Christen sonntags oder an Feiertagen wie Weihnachten oder Ostern das Haus Gottes besuchen, gehen sie in die »Kirche«. Hindus und Buddhistinnen und Buddhisten versammeln sich in sogenannten »Tempeln«.

Was steckt dahinter, dass die Menschen dort hingehen?

Gott nahe sein

Wenn du Kummer hast oder dich etwas bedrückt, wenn es dir schlecht geht, dann gehst du meist zu deiner Mutter oder deinem Vater oder einer anderen Person, die du magst oder mit der du befreundet bist. Du erzählst, was passiert ist oder warum es dir nicht gut geht, und manchmal bittest du auch um Hilfe. Denn im Leben kann man nicht alles alleine selber schaffen, man braucht andere, die einem helfen.

Das Gleiche gilt aber auch, wenn uns etwas besonders freut, etwas Schönes, das man erlebt hat, etwas Tolles, das man gesehen hat: Man will es weitererzählen.

So ähnlich ist es mit Menschen, die sich in einem Gotteshaus alleine oder zusammen mit anderen an Gott wenden. Sie beten und erzählen im Gebet von sich selbst und von ihren Erlebnissen, sie danken Gott für die Dinge, die gut in ihrem Leben sind. Manche bitten auch einfach um Kraft, dass sie schwierige Situationen besser schaffen können.

Ruhe und Stille finden

Wenn es im Leben zu hektisch wird, zum Beispiel, wenn du einen ganzen Vormittag in der Schule verbracht hast, mit viel Gewusel auf dem Pausenhof, den vielen Stimmen im Klassenzimmer, dem Lärm auf dem Schulweg, dann willst du vielleicht einfach mal deine Ruhe haben. Du gehst in dein Zimmer und bist mal ganz allein für dich oder an einem anderen schönen Ort draußen, wo du alleine sein kannst. Viele Menschen, auch Erwachsene suchen heute solche Orte der Stille und der Ruhe. Und nicht selten finden sie einen solchen stillen Ort zum Beispiel in Kirchen.

Manche Kirchengemeinden lassen die Tür von ihrem Gotteshaus extra tagsüber offen stehen. Manchmal stellen sie sogar ein Schild vor die Tür, zum Beispiel mitten in die Fußgängerzone und laden die Menschen ein: »Kommt herein, hier könnt ihr still sein, Ruhe finden, hier könnt ihr mit Gott sprechen.«

Einige zünden auch Kerzen an, sie denken dann vielleicht an einen lieben Menschen, der gestorben ist, oder an jemanden, der krank ist oder in Schwierigkeiten steckt. Sie beten für sich selbst, für andere und hoffen auf Gottes Nähe.

Es tut gut, die Hektik des Alltags hinter sich zu lassen und manchmal einfach nur dazusitzen, zu denken, wieder neue Kräfte zu tanken. In einem leeren Gotteshaus kann man das besonders gut, weil einen dort niemand stört.

Hohe Türme, bunte Fenster, gemütlicher Teppich

Gotteshäuser sind oft schön gebaut, sie sind groß und hoch, haben Türme, Kuppeln, hohe Eingangstüren. In Kirchen findet man innen bunte Fenster, durch die die Sonne leuchtet. Es gibt Bilder, Figuren, manchmal große Gemälde an der Wand – sie erzählen Geschichten aus der Bibel. In Moscheen gibt es keine Bilder, aber kunstvoll verzierte, arabische Schriftzeichen aus dem Koran, dem heiligen Buch im Islam. Und meist findet sich dort ein weicher Teppichboden, denn wenn Musliminnen und Muslime beten, tun sie das auf den Knien.

Die Menschen wollen es für sich und für Gott schön machen, wenn sie ihm nahe sind. In Synagogen gibt es oft eine beeindruckende Kuppel, also ganz oben ein rundes Dach, das innen mit einem blauen Himmel und ganz vielen goldenen Sternen verziert ist.

In Tempeln finden sich bunte Bilder und goldene Figuren, Kerzen und Räucherstäbchen, die einen angenehmen Duft verbreiten.

Vielleicht magst du mal mit deiner Familie oder Freundinnen und Freunden verschiedene Gotteshäuser – in deiner Stadt oder auch im Urlaub – besuchen? Dort gibt es viel zu entdecken! Die Gotteshäuser mit offenen Türen darf man einfach so betreten, soll aber still sein und niemanden stören. In Moscheen, Synagogen und Tempeln muss man vorher fragen, aber meist wird man gastfreundlich hereingelassen und es werden einem alle Dinge, die man sehen kann, erklärt.

Gemeinsam mit Gott verbunden sein

Vielleicht fragst du, warum man Gotteshäuser braucht, denn es können ja auch alle, die wollen, einfach so mit Gott sprechen. Genau, das kann man, wie vorhin schon gesagt. Alle Menschen können für sich allein mit Gott Kontakt aufnehmen, ihn leise oder laut etwas bitten und ihm danken. Jesus sagt den Christinnen und Christen: Wenn ihr beten wollt, geht in euer Zimmer und sprecht dort alleine mit Gott (Mt 6,6).

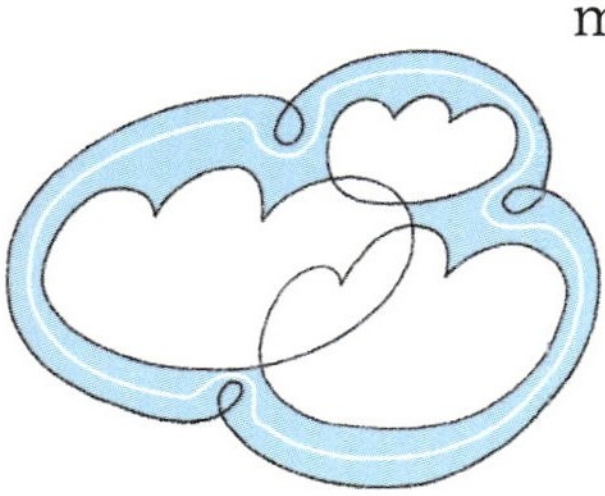

Trotzdem gibt es in allen Religionen die Möglichkeit, gemeinsam zu beten. Auch Jesus hat mit vielen Menschen zusammen gebetet, gegessen, gefeiert und Gott gedankt. Das machen manche Christinnen und Christen jeden Sonntag, sie fühlen sich dann mit Jesus und mit Gott besonders verbunden.

Das ist der Sinn der Gemeinschaft in allen Religionen: Man will Gott nahe sein – und das am besten gemeinsam mit anderen. Gemeinschaft macht stark!

Man bekommt »Segen« und neuen Mut

Neulich waren wir in einem Gottesdienst in einer katholischen Kirche. Alle haben auf den Priester oder den Pfarrer gewartet, aber es kamen zwei Frauen herein, die den Gottesdienst geleitet haben. Wir haben einen sogenannten Wortgottesdienst gefeiert mit Geschichten aus der Bibel, Gebeten und vielen schönen Liedern. Eine der Frauen hat gepredigt, das heißt, ihre Gedanken über die biblische Geschichte, über Gott und das Leben den anderen mitgeteilt. Wir fanden das klasse!

Denn üblicherweise sind es leider nur Männer, die in der Kirche, Moschee oder Synagoge für den Gottesdienst verantwortlich sind. Gott sei Dank gibt es in der evangelischen Kirche auch Pfarrerinnen. Und in manchen Synagogen gibt es inzwischen auch Rabbinerinnen.

Diese Personen haben den Auftrag, einen Gottesdienst zu beginnen, ihn zu leiten und oft erklären sie das Wort Gottes aus Bibel, Koran, Thora oder den heiligen Schriften im Hinduismus und Buddhismus. Im Islam heißen sie Imame, in den anderen Religionen sind es oft sogenannte Mönche. Sie haben vorher viele Jahre lang ihre heiligen Schriften studiert und können sie dann besonders gut erklären.

Meistens tragen die Verantwortlichen im Gottesdienst besondere Kleider, ein buntes, ein schwarzes oder ein weißes Gewand, damit man sie als diejenigen erkennt, die für den Gottesdienst zuständig sind. In katholischen Kirchen haben sie manchmal Kinder und Jugendliche als Gehilfen, die auch besondere Gewänder tragen und die man Ministrantinnen und Ministranten nennt.

Das Wichtigste: Meistens segnen die Verantwortlichen die Gemeinde im Gottesdienst, das heißt, sie bitten Gott um seine besondere Nähe und dafür, dass alle wieder neuen Mut bekommen. Gottesdienst im Gottes- oder Gebetshaus will also Mut machen und Kraft fürs Leben geben.

Für andere da sein, besonders für die Schwachen

Noch etwas anderes ist wichtig bei den Gotteshäusern: Menschen beten, danken und bitten im Gottesdienst. Das Gebet soll aber auch im Alltag »lebendig« werden. Deshalb kommen viele, die in den Gottesdienst gehen, auch zu anderen Zeiten in Gruppen zusammen. Sie überlegen, was sie in dieser Welt Gutes tun können.

So gibt es in vielen Gemeinden Menschen, die zum Beispiel Kranke oder einsame alte Leute besuchen, oder Gruppen, die sich für arme Menschen einsetzen und ihnen Kleider oder Lebensmittel geben.

Es gibt sogar Gotteshäuser, die sich »Vesperkirchen« nennen, wo also alle, die nichts zu essen haben, vorbeikommen können. Manche Gemeinden nehmen auch Flüchtlinge oder Obdachlose auf, die keine Wohnung haben. Sie können manchmal in der Kirche, im Gotteshaus oder einem Gebäude, das dazugehört, wohnen, bis sie etwas Eigenes gefunden haben.

Ein Haus Gottes soll also möglichst für alle Menschen da sein.

Wohnt Gott im »Gotteshaus«?

Nein, Gott wohnt nicht in einem bestimmten Haus, weder in einer Kirche noch in den Häusern von anderen Religionen. Christinnen und Christen glauben, dass Gott überall ist – auf der ganzen Welt und im ganzen Weltall. Jeder Mensch ist gleich nahe zu Gott, ob sie oder er ein Kind ist, in armen Verhältnissen oder irgendwo auf der Welt lebt. Kein Mensch ist Gott näher als der andere, ob er ein Priester, ein Rabbi, ein Imam, ein Mönch oder ein »ganz normaler« Mensch ist. Alle können jederzeit mit Gott direkt Kontakt aufnehmen.

Und trotzdem sind Gotteshäuser besondere Orte, an denen schon viele Menschen in früheren Zeiten gebetet haben, Gottesdienst gefeiert und sich in der Gemeinschaft mit Gott verbunden haben. Denn sie glauben, dass sie nicht durch Zufall auf diesem Planeten leben, sondern dass Gott hinter allem steckt, was es auf der Erde und im Weltall gibt, dass Gott jeden Menschen erschaffen hat und in gleicher Weise liebt.

Dazu gibt es eine schöne Geschichte aus dem Judentum: Ein Rabbiner sagt zu einem Kind: »Ich gebe dir ein wertvolles Geldstück, wenn du mir sagst, wo Gott ist.« Darauf antwortet das kluge Kind: »Und ich gebe dir ein wertvolles Geldstück, wenn du mir sagst, wo Gott nicht ist.«

ZUM WEITERDENKEN UND WEITERFRAGEN:

- Tausche dich mit deinen Eltern oder anderen in der Familie aus: Was habt ihr bereits in einem Gottes- oder Gebetshaus erlebt?
- Sucht, vielleicht auch mithilfe des Internets nach den nächsten Kirchen, Moscheen, Synagogen und anderen religiösen Versammlungsräumen in eurer Nähe.
- Besuche Gebets- oder Gotteshäuser von verschiedenen Religionen. Entdeckst du Gemeinsames und auch Unterschiedliches?
- Probiere es mal aus: Gehe in ein Gottes- oder Gebetshaus und schaue dich aufmerksam um. Was entdeckst du? Suche dir einen Platz, an dem du dich besonders wohlfühlst. Komm zur Ruhe. Wie fühlt sich das an?

Daniela Blum

Was bringen denn die Bilder von Gott?

Menschen können Gott nicht sehen. Aber in Kirchen und Museen hängen sehr viele und ganz unterschiedliche Bilder von Gott. Warum haben Menschen in allen Zeiten versucht, Gott darzustellen? Reicht es nicht, wenn Gott in Gedanken und Gebeten vorkommt? Um diese Frage zu beantworten, muss man weit in die Geschichte zurückspringen.

Das Verbot der Bilder

Das Christentum ist vor ungefähr 2000 Jahren aus dem Judentum hervorgegangen. Die beiden Religionen teilen sich deshalb einige Schriften, die sie besonders verehren. Sie bilden den ersten Teil der christlichen Bibel. In einer solchen Schrift, die ganz am Anfang der Bibel steht, finden sich die Zehn Gebote. Sie formulieren Regeln, wie sich die Menschen gegenüber Gott, aber auch gegenüber ihren Mitmenschen verhalten sollen, wie also das Leben mit Gott und mit den Menschen gelingen kann. Eine wichtige Regel lautet, dass sich die Menschen kein Kultbild von Gott machen dürfen. Ein Kultbild ist eine bildliche

Darstellung, die in manchen Religionen in Gottesdiensten verehrt wird, also selbst wie Gott behandelt wird. Nun stritten sich die Gelehrten im Judentum und später auch im Christentum, ob mit diesem Verbot von Kultbildern gemeint sei, dass Gott überhaupt nicht dargestellt werden darf. Oder darf es nur keine Kultbilder Gottes geben, sollen also die Bilder Gottes nicht verehrt werden? Das Judentum war in der Frage meist ziemlich streng und lehnte jede Form der bildlichen Darstellung Gottes ab. Im Christentum hingegen gab es bereits in den ersten Jahrhunderten bildliche Darstellungen. Was ist im Christentum anders?

Jesus als Bild Gottes

Das Christentum ist entstanden, weil Menschen im Leben und Sterben Jesu von Nazareth gespürt haben, dass Gott ihnen in dieser Person besonders nahegekommen ist. Die ersten Christinnen und Christen waren überzeugt davon, dass sich Gott in Jesus gezeigt hat und dass Gott in Jesus menschliche Gestalt angenommen hat. Je länger es eine Religion gibt, desto ausführlicher wird festgehalten, was genau zu glauben ist. Im Christentum entstand daher in den ersten Jahrhunderten die Überzeugung, dass Jesus zugleich Gott und Mensch ist. Jesus ist also ganz Mensch gewesen, solange er auf der Erde gelebt hat. Und zugleich war er ganz Gott. Jesus könnte man also als Bild Gottes auf der Erde sehen. In den ersten Jahrhunderten des Christentums war es daher heftig umstritten, ob jetzt das alte Bilderverbot gilt oder aber Jesus als Bild Gottes betrachtet werden kann. Dann wären Bilder Gottes ja insgesamt möglich. Es gab viele Debatten und viel Streit. Am Ende aber waren Bilder erlaubt, und zwar nicht nur von Jesus, sondern auch von seiner Mutter Maria, von besonders vorbildlichen Menschen, den Heiligen, oder von Personen, die in der Bibel erwähnt werden. Erlaubt waren sogar Bilder von Gott selbst, den Jesus als seinen Vater angesprochen hat, und vom Heiligen Geist, den Jesus seinen Freundinnen und Freunden als Begleitung, Unterstützung und Inspiration geschickt hat. Die Frage nach den Gottesbildern birgt aber gewaltigen Sprengstoff in sich und ist bis heute einer der großen Unterschiede zwischen den verschiedenen christlichen Konfessionen.

Als Konfessionen bezeichnet man die verschiedenen Formen des Christentums, die im Lauf der Geschichte entstanden sind. In der orthodoxen Konfession gibt es Kultbilder, sogenannte Ikonen, die im Gottesdienst verehrt werden. In den Kirchen der Reformation, zu der sich auch viele Christinnen und Christen in Deutschland bekennen, sind Bilder dagegen umstritten. Wenn man sie schon braucht, dann besteht ihre Aufgabe nur darin, die Erzählungen der Bibel besser zu veranschaulichen, so sagte es einer der Gründungsväter der Reformation, Martin Luther. Die Kirchen der Schweizerischen Reformation hingegen sind bis heute bilderlos, weil den Schweizer Reformatoren das Bilderverbot der Bibel so wichtig war. In der katholischen Konfession hingegen gab und gibt es noch immer viele Bilder, die aber nicht wie Kultbilder verehrt werden. Die Bilder in den katholischen Kirchen zeigen Gottvater oft als älteren Herrn, Jesus als jungen Mann und den Heiligen Geist als Taube. Wenn die Bilder Gottes nicht verehrt werden, welchen Zweck haben sie dann?

Bilder haben viele Funktionen

Sicher haben Bilder zunächst die Funktion, zu veranschaulichen, was in der Bibel steht. Noch vor zweihundert Jahren konnten die meisten Menschen nicht schreiben. Sie konnten die Bibel also nicht selbst lesen, sondern waren darauf angewiesen, dass ihnen andere, etwa im Gottesdienst, aus der Bibel vorlasen. Bilder anschauen aber können die meisten Menschen – außer jene, die schlecht sehen oder blind sind. Alle anderen aber können mit ihren Augen Bilder in Kirchen betrachten, ohne dass sie dafür eine Schule besucht haben müssen. Bilder also stellen die Erzählungen und Texte der Bibel dar.

Bilder tun aber weit mehr. Texte, auch Texte aus der Bibel, müssen nicht alle Details einer Situation oder Geschichte erzählen. Das, was nicht geschrieben steht, kann sich jede Leserin und jeder Leser für sich dazudenken. Bilder aber müssen eine Situation ganz konkret zeigen. Beispielsweise steht in der Bibel nicht, wie alt die Freunde Jesu waren oder welche Kleidung sie trugen. Ein Bild, auf dem Jesus mit seinen Freunden dargestellt ist, muss das aber entscheiden. Ganz ähnlich ist es auch mit der Darstellung Gottes. Die Bibel sagt nicht, wie Gott aussieht. Die Bibel verbindet eher Begriffe wie Gerechtigkeit oder Barmherzigkeit mit ihm, aber nicht sein Aussehen. Ein Bild führt also immer über das Geschriebene in der Bibel hinaus eine Deutung vor Augen. Wie stellt sich eine Malerin oder ein Maler oder ein bestimmtes Zeitalter Gott vor? Bilder sagen uns also oft weniger etwas darüber, was in der Bibel steht, und mehr darüber, was und wie die Menschen in vergangenen Zeiten geglaubt haben. Sie drücken ein Nachdenken über Gott aus.

Menschen machen sich in unterschiedlichen Zeiten nämlich ganz verschiedene Bilder von Gott. Auf diese Weise tragen Gottesbilder eigene Bedeutungen in sich, die weit über das hinausgehen, was in der Bibel steht. Sie zeigen den Glauben von vergangenen Menschen im Zusammenhang mit ihrer damaligen Kultur, ihren Hoffnungen und Schwierigkeiten. Oft genug wissen wir von einfachen Menschen gar nicht, wie sie geglaubt haben und wie sie sich Gott vorgestellt haben. Wir haben keine schriftlichen Zeugnisse von ihnen. Aber Bilder in alten Kapellen etwa zeigen uns etwas davon, wie diese einfachen Menschen ihren Glauben an Gott verstanden haben. Schließlich verfügen Bilder über eine eigene Sprache, die man nicht einfach in die Sprache der Worte übersetzen kann. Selbst wenn man ein Bild detailliert beschreibt, stellt es immer mehr dar, als man in Worten fassen kann. Und das macht Bilder von Gott richtig spannend! Sie erzählen dann darüber, was Menschen in ihrem Gottesbild

und damit in ihrem Glauben wichtig war. Oft wird Gott als alter, weißer Mann dargestellt. Diese Darstellung ist auch Ausdruck einer Gesellschaft, in der ältere Männer das Sagen, die Macht und das Geld hatten. Heutige Bilder von Gott dagegen sind oft weniger konkret. Sie zeigen Gott als eine abstrakte Person oder aber als Frau. Auch wenn nämlich Jesus in der Bibel Gott als Vater anredet, gibt es in den älteren Teilen der Bibel durchaus Texte, die Gott auch weibliche Anteile zuschreiben.

Gott ist mehr als ein Bild

Bilder von Gott haben also wichtige Funktionen für uns Menschen. Dabei ist es trotzdem wichtig, das Bilderverbot aus der Bibel nicht ganz zu vergessen. Denn es hat einen tieferen Sinn: Es ist wichtig, Gott nicht auf ein einziges Bild zu begrenzen. Gott ist immer mehr, als man in einem Bild von ihm festhalten kann. Oder anders gesagt: Es gibt viele Bilder von Gott, in der Geschichte, in unserer heutigen Kultur, aber auch in jedem einzelnen Leben. Je nachdem, ob ich gerade fröhlich bin oder ob jemand Geliebtes gestorben ist, mache ich mir ein anderes Bild von Gott. Ein Kind hat ein anderes Bild von Gott als ein alter Mensch. Und auch im Laufe eines Lebens kann sich das Bild von Gott ändern. Darum kann es sehr anregend sein, verschiedene Bilder von Gott anzuschauen. Auf diese Weise erhält auch das eigene Gottesbild wieder neue Farben und Akzente. Wenn Gott durch das Leben mitgeht, dann tut es auch das Bild von ihm, das sich immer und immer wieder verändert.

ZUM WEITERDENKEN UND WEITERFRAGEN:

- Male oder zeichne Gott. Stelle dabei das dar, was dir an Gott wichtig ist.
- Ist es dir gelungen, dein Bild im Kopf auf Papier zu bringen? Welche Aspekte deines Bildes im Kopf lassen sich nicht darstellen?
- Frage andere Menschen, deine Eltern, Großeltern, Freundinnen oder Freunde zum Beispiel, was für ein Bild von Gott sie sich machen. Vielleicht wollt ihr sogar zusammen ein Bild malen?

Edeltraud Gaus

Welche Religion hat Gott?

Hast du dich auch schon mal gefragt: Wem vertraue ich? Was gibt mir Kraft? Woher kommt das Leben? Wer hat die Welt gemacht? Das sind wichtige Fragen der Menschen. Gläubige Menschen beantworten diese Fragen mit: Gott. Diese Menschen gehören meistens einer Religion an. Doch was hat Gott mit Religion zu tun? Hat Gott eine Religion, und wenn ja welche? Auch das sind berechtigte Fragen.

Aber die Frage, ob Gott eine Religion hat, stellen sich Wissenschaftler:innen eigentlich gar nicht. Denn wenn sie sich mit Religion auseinandersetzen, dann betrachten sie Gott bereits aus der Perspektive einer bestimmten Religion. Die Frage nach der Religion und nach Gott hat grundsätzlich immer mit einer bestimmten Betrachtungsweise zu tun. Ich stelle die Frage, ob Gott eine Religion hat und wenn ja welche, jetzt trotzdem mal und habe einige Ideen dazu. Diese bündele ich in drei Abschnitte: In einem ersten erkläre ich, was man unter Religion verstehen kann. In einem zweiten kläre ich, wer oder was Gott ist und in einem dritten Schritt was Religion und Gott miteinander zu tun haben.

Was man unter Religion verstehen kann

Das Verblüffende ist: Was Religion genau ist, auch dazu haben Wissenschaftler:innen keine genaue Erklärung. Denn bis heute gibt es keine allgemein anerkannte Auffassung, was Religion ganz genau ist. Wir können das Wort Religion hier so verstehen, dass es die Suche eines Menschen beschreibt, der die Welt verstehen will und nach einem Sinn des mensch-

lichen Lebens fragt. Menschen möchten wissen, warum die Welt oder die Menschen so sind, wie sie sind. Das Wort Religion hat mit dem lateinischen Wort »religio« zu tun. Es drückt die Rückbindung des Menschen an etwas Größeres aus, also eine Verbindung des Menschen mit etwas, was man auf der Welt nicht sehen und auf Anhieb verstehen kann. Diesem Größeren und Anderen gegenüber begegnen diese Menschen mit einer Haltung der Achtung und Demut, sie schätzen dieses Größere also als sehr wichtig ein und nehmen ihre eigenen Interessen oft zurück. Sie setzen sich und ihr Leben also in Beziehung zu diesem Größeren.

Das haben Menschen schon zu allen Zeiten getan. Deshalb ist das, was Religion ist, immer auch zeitlich und kulturell bedingt und verändert sich. Religion ist geprägt von einer bestimmten Vorstellung der Menschen und kann sich in speziellen Ritualen zeigen, wie z. B. feiern, beten, gemeinsam lesen aus für sie Heiligen Schriften oder pilgern. Dabei bestimmen die jeweiligen kulturellen Bedingungen, was in einer Religion geglaubt wird und wie dieser Glaube gelebt wird. Es gibt Religionen, in denen die Menschen in enger Beziehung mit der Natur und dem Land leben, das sie bewohnen. Kräfte, die auf die Natur und das Land einwirken, werden als heilig verstanden und verehrt. Das tun z. B. die Völker der Aborigines in Australien. In frühen Suchprozessen haben schon die Menschen der Steinzeit mit Höhlenmalerei ihre Ehrfurcht vor unerklärlichen Ereignissen wie einem Gewitter oder ihren Dank für eine erfolgreiche Jagd zum Ausdruck gebracht. Weil Menschen auf unterschiedlichen Kontinenten der Erde in verschiedenen Kulturen nach etwas Größerem und einem Sinn für ihr Leben suchen, gibt es heute verschiedene Religionen. Es gibt Religionen, die mehrere Götter verehren, wie der Hinduismus. Andere Religionen gehen davon aus, dass es einen einzigen Gott gibt. Diese nennt man dann monotheistische Religionen. Damit ist das Judentum, das Christentum und der Islam gemeint. Menschen, die diesen Religionen angehören, sehen ihr Leben in Beziehung zu einem Gott. Danach richtet sich auch der Alltag der Menschen aus. Die Beziehung zu Gott wird durch das Gebet und durch verschiedene Handlungen mit und für die Gemeinschaft der Menschen gelebt, die an den gleichen Gott glauben.

Wer oder was ist Gott?

Weil ich selbst Christin bin, kenne ich mich mit der christlichen Religion am besten aus. Das Christentum beantwortet Fragen nach der Entstehung der Welt und dem Sinn des Lebens aus einer bestimmten Perspektive. Im Christentum sagen wir, dass der Mensch in Bezug zu etwas Heiligem steht. Dieses Heilige nennen wir Gott. Christ:innen erklären sich die Welt und den Sinn des Lebens im Zusammenhang mit Gott. Mit ihm verbinden sie die menschliche Sehnsucht und Hoffnung, dass die Welt, die sie erleben, nicht alles ist. Sondern dass es über das, was sie sehen, hinaus einen Grund außerhalb der Welt gibt, auf den das menschliche Leben zurückgeht und auf den es zugeht. Diesen Grund beschreiben Menschen auch mit dem Wort Gott – geheimnisvoll und unbeschreibbar. Christ:innen verstehen Gott, wie er in der Bibel beschrieben wird. Gott steht in Beziehung zur Welt und jedem einzelnen Menschen. Aus christlicher Sicht ist Gott der Schöpfer der Erde, das heißt, er hat die Welt erschaffen. Auch den Menschen hat er geschaffen und ihm eine eigene Würde verliehen. Dieser Gott spendet demnach das Leben und zu ihm geht alles Leben zurück. Die Bibel erzählt davon, dass er das Leben der Menschen begleitet und sich in der Geschichte der Menschen als Vater, Sohn und Heiliger Geist zeigt. Somit ist Gott für Christ:innen der Grund für ihr Leben,

bei ihm sind sie aufgehoben, und zu ihm gehen sie zurück, wenn sie sterben. Darauf vertrauen Christ:innen.

Vertrauen heißt jedoch, es nicht sicher wissen. Gott als Ziel der menschlichen Hoffnung und Sehnsucht bleibt ein unbegreifliches Geheimnis. Die Menschen suchen nach Worten, mit denen sie Gott beschreiben können. Ob Gott aber so ist, können Menschen nicht wissen. Sie finden verschiedene Begriffe und Bilder für ihn, die ihr Vertrauen in Worte fassen und die ihre persönlichen Erfahrungen beschreiben, die sie mit Gott gemacht haben: Manche Menschen fühlen sich von Gott beschützt, wie Schafe sich von ihrem Hirten beschützt fühlen oder Kinder von ihrem Vater oder ihrer Mutter. Deshalb ist jedes Gottesbild auch von Mensch zu Mensch unterschiedlich, weil wir viele verschiedene Vorstellungen von Gott haben. Daniela Blum hat das in ihrem Beitrag in diesem Buch genauer untersucht.

Mit Gott ist es genau so, wie wenn Menschen Dinge erleben, die sie schwer in Worte fassen können, wie z. B., wenn sie tiefes Glück, innige Liebe oder schwere Enttäuschung und Schuld fühlen. Menschen machen Erfahrungen mit Gott, die sich schwer mit Worten beschreiben und die sich nie ganz begreifen lassen. Und so bleiben immer auch Fragen offen, die nie endgültig beantwortet werden können. Menschen suchen nach Worten und Bildern, um das Unbegreifbare der eigenen Existenz und der Existenz Gottes beschreiben zu können.

Weil Christ:innen darauf vertrauen, dass Gott ihr Leben begleitet und ihr Leben aus diesem Vertrauen heraus gestalten, haben sie in ihrer Religion Rituale, die besondere Umstände auf ihrem Lebensweg kennzeichnen. Wenn Kinder geboren werden, stellen christliche Eltern sie unter den Schutz Gottes, indem sie die Kinder taufen lassen. Durch das Sakrament der Taufe werden die Kinder in die christliche Religion aufgenommen. So werden sie in die Gemeinschaft mit allen, die an den Gott der christlichen Bibel glauben, aufgenommen. Ein weiteres Ritual haben christliche Erwachsene, die heiraten, wenn sie verliebt sind. Sie spenden sich gegenseitig das Sakrament der Ehe, damit ihre Beziehung unter dem Segen Gottes steht. Gott wird so in der christlichen Religion

immer wieder in das Leben der Menschen miteinbezogen. Und auf diese Weise haben die Menschen Anteil an Gott, der ihr Leben begleitet und es so reicher und sinnvoller macht.

Was Religion und Gott miteinander zu tun haben

Um nun die Frage zu beantworten, welche Religion Gott hat, klären wir abschließend zwei Fragen, nämlich ob Gott die Religion braucht oder ob die Religion Gott braucht. Aus Sicht des Christentums steht Gott in Beziehung zur Welt und zu den Menschen und deshalb steht jeder Mensch auch in Beziehung zu Gott. Diese Beziehung können wir Menschen gestalten und dazu liefern uns die verschiedenen Religionen gewissermaßen die Anleitungen dazu. Religion will dabei helfen, die Welt zu verstehen und Sinn zu finden. Menschen suchen dabei nach Antworten auf die Fragen, woher das Leben kommt und wohin wir gehen, wenn wir sterben. Verschiedene Religionen haben dafür verschiedene Antworten. Das Christentum vertraut darauf, dass Gott jedem Menschen zugesagt hat, ihn oder sie zu begleiten und deshalb jeder Mensch in einer Beziehung zu Gott steht. Wir können also festhalten, dass aus christlicher Perspektive eine Religion Gott braucht, weil die Antworten auf die wichtigen Fragen der Menschen sich an eine Vorstellung von Gott binden. Das hat einen wichtigen Wert für Christ:innen. Die unterschiedlichen Vorstellungen von Gott, die oft auf verschiedene Erfahrungen der Menschen zurückzuführen sind, bestimmen dann, wie sie ihr Leben gestalten und mit anderen umgehen: wie sie sich ernähren, mit der Natur umgehen, wie sie anderen begegnen, was sie fröhlich macht und hoffen lässt und wie sie sich begleitet fühlen, wenn sie traurig sind.

Ob umgekehrt Gott die Religion braucht? Auch wenn Gott für uns Menschen ein Geheimnis bleibt, ist es ziemlich sicher, dass Gott keine Religion braucht und auch keiner bestimmten Religion angehört. Religion ist ein Konzept, das von uns Menschen ausgeht, eine Form, unseren Glauben an Gott und unsere Beziehung zu Gott zu gestalten. Deshalb ist auch keine Religion »besser« oder »schlechter« als eine andere. Verschiedene Religionen sind Ausdruck dessen, wie Menschen ihr Leben von Gott her und zu Gott hin ausrichten. Dem geben sie Ausdruck in einer bestimmten Religion und haben damit einen bestimmten Blick auf Gott.

ZUM WEITERDENKEN UND WEITERFRAGEN:

- Tauscht euch in der Familie darüber aus, wie ihr die Beziehung zu Gott erlebt und was sie für euch bedeutet.
- Überlege dir ein Ritual, eine Handlung, wie du im Alltag immer wieder mit Gott in Kontakt kommen kannst (Gebete, Geschichten aus der Bibel hören und darüber sprechen, in den Kindergottesdienst gehen, eine Kerze anzünden …).
- Steht jemand, der nicht an Gott glaubt, trotzdem in Beziehung zu Gott? Wird er oder sie von Gott im Leben begleitet?
- Finde jemanden, der eine andere Religion hat als du. Welche Fragen würdest du ihm oder ihr stellen?
- Jede Religion hat einen Platz, an dem sie mit Gott in Kontakt kommt. Im Christentum ist das die Kirche, im Judentum die Synagoge, im Islam die Moschee. Suche ein solches Gotteshaus auf. Was beobachtest du?

Claudia und Rebekka Guggemos

Kann man Gott spüren? Und wie geht das?

»Mama, das ist ganz einfach: Immer und überall kann man Gott spüren! In der Luft, in den Bäumen, Blumen und Tieren und darin, wie lieb wir uns haben … Und in der Kirche … Und in den Geschichten in der Bibel!« Das hat meine achtjährige Tochter Rebekka gesagt, als ich sie gefragt habe, wie das denn ist mit Gott und ob sie Gott spüren kann.

Ist das also gar keine richtige Frage? Weil sie so einfach zu beantworten ist?

Ich glaube, dass Rebekka recht hat. Die Frage kann manchmal ganz einfach beantwortet werden.

Aber ich bin auch der Überzeugung, dass es sich lohnt, über diese Frage trotzdem nachzudenken, weil man dann besser beschreiben kann, was man meint.

»Trotzdem nachdenken« lohnt sich aus drei Gründen, die ich hier mal als Fragen formuliere:

- Wie fühlt sich das an, Gott zu spüren?
- Wo kann man Gott auch noch spüren? Wovon haben Menschen bisher berichtet, wenn sie Gott gespürt haben? Von welchen Orten oder Situationen?
- Was ist, wenn jemand sagt, er oder sie kann Gott nicht spüren?

Ich werde diesen Fragen Schritt für Schritt nachgehen und Antworten darauf zusammentragen.

Wie fühlt sich das an, Gott zu spüren?

Als Forscherin an der Uni habe ich versucht, herauszufinden, wann und wo Menschen Gott spüren. Dazu habe ich viele Bücher von Theologen und Theologinnen gelesen. Und dann habe ich auch noch Pastoralreferent:innen gefragt, wie sie das erleben.

Zwei Dinge habe ich gelernt: Gott spüren ist eine Erfahrung, die Menschen tatsächlich machen. Viele berichten von solchen Erlebnissen oder schreiben Bücher darüber, was sie dabei gefühlt und gedacht oder bemerkt haben. Gleichzeitig ist Gott spüren auch ein Geheimnis. Bis ins letzte Detail hinein kann das kein Mensch so beschreiben, dass alle anderen es genauso spüren würden. Es ist eine besondere, geheimnisvolle Verbindung zwischen Gott und diesem einzelnen Menschen. Deswegen kann kein Mensch es einem anderen nachmachen, Gott zu spüren. Das muss jede und jeder für sich selbst erfahren.

Wo kann man Gott auch noch spüren? Wovon haben Menschen bisher berichtet, wenn sie Gott gespürt haben? Von welchen Orten oder Situationen?

Rebekka hat vier wichtige Orte genannt: die Natur, die Menschen, die Kirche und die Bibel.

Die Theologinnen und Theologen schreiben am meisten über zwei der Orte, die Rebekka genannt hat: die Kirche, genauer gesagt den Gottesdienst, und die Bibel.

Beim Gottesdienst sind sich speziell die christlichen Theolog:innen einig, die der katholischen Kirche angehören. Sie formulieren dabei sogar ganz genau: Besonders in der Eucharistiefeier sei Gott zu spüren und da noch genauer in der Wandlung. Dazu gibt es unendlich viele Bücher, die diese Begriffe erklären. Der Begriff »Eucharistiefeier« meint den Gottesdienst, in dem die Gläubigen sich daran erinnern, wie Jesus mit seinen Jüngerinnen und Jüngern das Brot gebrochen hat. Die »Wandlung« ist innerhalb der Eucharistiefeier der Abschnitt, wenn der Priester vorne beginnt, das Brot zu brechen, und das mit den gleichen Worten tut, die in der Bibel stehen. Darüber, warum das für die Gläubigen genauso ist, wie wenn Jesus das in diesem Moment selbst tut, gibt es Unmengen an Büchern. Und weil das für viele so wichtig ist, gibt es auch verschiedene Meinungen dazu und sogar Streit. Aber das ist eine andere Geschichte. Für die Frage, der wir hier gemeinsam nachgehen, ist nur wichtig, dass dieses Abendmahlfeiern, das Erinnern und Brotbrechen und die Gemeinschaft ein Ort sind, an dem Menschen Gott schon seit 2000 Jahren spüren. Wenn Kinder zur Erstkommunion gehen, werden sie in diese Feier eingeführt und lernen auf ihre Weise, das zu verstehen.

Die Bibel kam beim Thema Gottesdienst schon vor. Sie ist für die meisten Theologinnen und Theologen genauso wichtig, für manche sogar noch wichtiger. Das ist so, weil Menschen die Bibel gemeinsam mit anderen lesen können (zum Beispiel im Gottesdienst) oder auch allein. Jeder Mensch kann sich ganz persönlich von den Geschichten der Bibel anrühren lassen. Je nachdem, ob man gerade traurig ist oder glücklich, besorgt oder hoffnungsvoll – für alle Situationen und Gefühle gibt es Geschichten oder andere Texte wie Gedichte mit Gott oder Jesus in der Bibel. So einen Text zu lesen kann einen Menschen spüren lassen, dass er oder sie nicht allein ist in seiner Situation: Andere Menschen haben das auch erlebt und auch Gott kennt dieses Gefühl. Dieser Moment, wenn ein Mensch merkt »Ich bin nicht allein – da ist noch jemand«, das kann so ein »Gott-Spüren-Moment« sein, der für Menschen so wertvoll ist wie ein Schatz.

Rebekka hat auch noch die Natur genannt als Ort, wo sie Gott spüren kann. Auch davon haben die Expert:innen berichtet, mit denen ich gesprochen habe. Sie haben zum Beispiel von einer großen Wanderung auf einen Berg erzählt, von einem farbenprächtigen Sonnenuntergang oder auch davon, wie es ist, eine Blume, einen Baum oder ein Tier ganz genau zu betrachten. Genau wie Rebekka sagen sie, dass sie spüren können, wie wunderbar Gott alles geschaffen hat. Das sehen viele Menschen in verschiedenen Religionen genauso.

In Bezug auf die Menschen ist sich Rebekka dann nicht immer ganz so sicher: Wenn sie erlebt, wie lieb wir einander haben, dann kann sie Gott spüren. Es geht also um die Verbindung, die Beziehung, die Menschen miteinander haben. Wenn die Beziehung gut ist und wir eng miteinander verbunden sind, dann spüren Menschen manchmal, dass da »mehr« ist als nur zwei Menschen: Manchmal ist es eine gute Begegnung, Freundschaft, oder Liebe oder eben Gott, manchmal alles auf einmal. Wenn Rebekka merkt, wie Menschen einander wehtun oder die Umwelt zerstören, dann findet sie es schwierig, Gott darin zu spüren. Dann ist sie eher wütend und traurig und sie fühlt sich hilflos und leer.

Menschen haben noch viele andere Situationen beschrieben, in denen sie Gott spüren: im Unterricht in der Schule, im Tanzen, im Sport, in der Musik oder in der Kunst. Meine ganz persönlichen Lieblingsbegegnungsorte mit Gott sind das Singen aus ganzem Herzen und die Stille, wenn es mal irgendwo ganz ruhig ist.

Die Expert:innen, die ich gefragt habe, haben aber auch noch ganz andere, zum Teil vielleicht überraschende Orte beschrieben, nämlich solche, in denen es zum Beispiel ganz traurig war. Wenn sie dabei waren, wenn ein Mensch gestorben ist, können die Pastoralreferent:innen manchmal spüren, wie zwischen den Menschen ein Trost entsteht. Auch wenn sie kranke Menschen im Krankenhaus besuchen oder wenn sie anderen helfen können, spüren sie Gott. Selbst dann, wenn sie nicht verstehen können, warum ein Mensch, dem sie begegnen, sehr leiden muss, beschreiben sie diese Erfahrung als Erfahrung mit Gott. Sie sagen, dass sie dann erleben, wie unbegreiflich Gott ist, wie fremd Gott ihnen ist. Sie erleben das als das Geheimnis Gottes.

Was ist, wenn jemand sagt, er oder sie kann Gott nicht spüren?

Rebekka ist sich sicher, dass sie Gott spüren kann. Diese Gewissheit teilt sie mit vielen Menschen auf der Welt. Andere Menschen wünschen sich sehr, dass sie Gott spüren können, und für sie ist diese Sehnsucht bereits ein Geschenk von Gott.

Es gibt aber auch viele Menschen, die sich sicher sind, dass man Gott nicht spüren kann. Manche glauben trotzdem, dass es Gott gibt. Andere glauben, dass es Gott nicht geben kann, wenn sie ihn nicht spüren. All diese verschiedenen Haltungen gibt es.

Rebekka und mir ist wichtig, dass wir niemanden verurteilen wegen der Art, wie er oder sie über Gott denkt und fühlt. Es hilft, Gemeinsamkeiten zu suchen: Wenn sich gläubige Menschen sicher sind, dass sie Gott spüren, dann entsteht eine tiefe Verbundenheit, die man nur fühlen, aber nicht mit Worten beschreiben kann. Man merkt dann, dass so ein Gefühl größer ist als zum Beispiel das Wort »Gott«. Solche besonderen Erfahrungen sind unglaublich wertvoll, denn Gefühle haben die Macht Gräben zwischen Menschen zuzuschütten. Auf diese Weise entsteht Verständnis – zwischen Menschen verschiedener Glaubensrichtungen oder auch zwischen gläubigen und nicht gläubigen Menschen.

Spüren heißt Erleben

Rebekka und ich können euch am Ende vor allem einen Tipp geben: Es gibt kein »richtig« und kein »falsch« – beim Spüren und beim Beten. Manche Menschen müssen ein wenig üben, bevor sie Gott einmal spüren können. Anderen fällt es leicht. Ihr tut euch selbst etwas Gutes, wenn ihr versucht, euren ganz eigenen Weg zu finden.

Vielleicht mögt ihr auch »Danke« sagen für das, was ihr bereits erlebt habt. Oder ihr möchtet Gott eure Traurigkeit zeigen und ihn um etwas bitten. Das könnt ihr tun, indem ihr euch zum Beispiel an den Händen fasst und gemeinsam still werdet. Dann kann jemand »Danke« sagen oder »Bitte« – je nachdem, was eben passt. Ihr könnt auch »Danke« oder »Bitte« sagen, indem ihr aufmalt oder aufschreibt, was euch am Herzen liegt. Manche Menschen zünden auch eine Kerze an – zu Hause oder in einer Kirche und werden einen Moment still. Manche beten auch ein altes Gebet wie das »Vater unser«. Es enthält Dank und Bitte und ist mit Worten gefüllt, die von Jesus selbst gesprochen wurden und die Milliarden von Menschen in den letzten 2000 Jahren benutzt haben. Es gibt das Gebet in den allermeisten Sprachen der ganzen Erde. So könnt ihr euch mit vielen Menschen verbinden.

ZUM WEITERDENKEN UND WEITERFRAGEN:

- Wann hast du oder habt ihr als Familie schon mal etwas erlebt, wobei ein ganz besonderes Gefühl entstanden ist? Hast du schon mal gemeinsam mit jemandem das Gefühl gehabt, das Herz zerspringt vor Freude? Erzählt einander davon und überlegt, ob ihr da vielleicht Gott gespürt habt.
- Wann hast du schon mal so richtig gestaunt? Vielleicht habt ihr auch gemeinsam als Familie schon einmal gestaunt? Erzählt euch gegenseitig von dieser Situation. Wie hat sich das angefühlt? Überlegt, ob da vielleicht Gott für euch zu spüren war.
- Zum Forschen und Ausprobieren: Schaut doch mal bei einer Buchhandlung in der Nähe nach, ob es eine Kinderbibel gibt, die euch gut gefällt. Es gibt sehr viele Kinderbibeln für verschiedene Altersstufen. Wichtig ist, dass euch die Bilder ansprechen und dass die Texte gut verständlich sind. Lest ein paar Geschichten oder sprecht darüber. Vielleicht könnt ihr Gott auch auf diese Weise spüren?

Simone Hiller

Hilft Gott mir, wenn ich bete?

Gerne würde ich abends vor dem Schlafengehen mit meinen beiden Söhnen ein Gutenachtgebet sprechen. Nur wollen die das leider nicht. Ich sage »leider«, weil ich es schön finde, am Abend, bevor ich einschlafe, nochmals über den Tag nachzudenken und ich mir dieses Gefühl auch für die beiden wünschen würde: In meinen Gebeten erinnere ich mich an die Menschen, mit denen ich den Tag heute verbracht habe. Bei mir sind das meistens meine Kinder, mein Mann, oft auch Freunde oder Kolleginnen, manchmal auch Personen, die ich zufällig in der Bäckerei getroffen habe. Ich sage Danke für die besonders schönen Momente, die ich heute erlebt habe: als wir alle laut lachen mussten, weil der Kleine mit den Sachen aus der Verkleidungskiste so lustig aussah und dann auch noch ein bisschen umgedichtet »Abrakadabra simsulabumm« gesagt hat; als die Sonne so schön durch die Wolken durchgebrochen ist.

Aber ich sage im Gebet auch, worüber ich mich geärgert habe – oft über mich selbst. Und ganz wichtig: Ich erzähle davon, was mir Sorgen macht. Das ist meistens sehr viel: dass wir so schlecht auf unsere Erde aufpassen, dass es Krieg gibt, aber auch dass so viele Kinder und Erzieherinnen und Erzieher in der Kita gerade krank sind. Natürlich bitte ich Gott dann auch fast immer um etwas: eben dass Gott uns Menschen helfen soll, dass wir endlich alle kapieren, dass wir besser auf unsere Erde aufpassen müssen. Dass alle Kriege aufhören. Und dass die Leute aus der Kita schnell gesund werden.

Und am Ende bete ich dann ein Gebet, das ich selbst als Kind mit meinen Eltern gesprochen habe. Ich bete es nicht ganz, aber die Strophen, die mir aus der Erinnerung besonders wichtig sind:

Müde bin ich, geh' zur Ruh.
Schließe meine Augen zu.
Vater, lass die Augen dein über meinem Kopfe sein.
Alle, die mir sind verwandt,
lass sie ruh'n in deiner Hand.
Alle Menschen, groß und klein, sollen dir befohlen sein.

Meine persönliche Erfahrung mit dem Gutenachtgebet, die ich hier als katholische Christin erzählt habe, ist schon ein Teil der Antwort auf die Frage in der Überschrift: Hilft Gott mir, wenn ich bete? Ich würde sagen: Mir hilft es auf jeden Fall, ein Gebet zu sprechen. Denn in dem Gebet sage ich all das, was mir wichtig ist. So kann ich es für mich erinnern, mit meinen Kindern teilen und dann auch in Richtung Gott loslassen. Ich kann dann viel besser einschlafen – wenn ich nicht schon während des Betens eingeschlafen bin …

Aber ist es Gott, die oder der mir da hilft?

Auch Jesus hat gebetet

Wir kennen ein Gebet, das laut Bibel von Jesus selbst stammt, Jesus hat es also gebetet: das Vaterunser. Jesus nannte Gott in seinen Gebeten vertraut »Abba«, das heißt Vater oder Papa. Wenn ich jemanden als mein Elternteil anspreche, Papa oder Mama, aber auch Oma oder Opa oder sonst eine Person, die für mich ganz wichtig ist, dann zeigt das, dass mein Leben ganz eng mit dieser Person verbunden ist. Ich vertraue ihr und wende mich an sie, wenn ich Unterstützung möchte. Jesus suchte diese Unterstützung immer wieder, auch in der Nacht, bevor er gekreuzigt wurde. Im Markus-Evangelium steht das etwa so: Jesus ging ein Stück weg, warf sich auf die Erde nieder und betete, dass ihm nichts passieren soll. Er sagte: »Abba, Vater, du kannst alles. Hilf mir! Aber nicht, was ich will, soll passieren, sondern was du willst.« (Markus 14, 35–36, eigene Übertragung)

Auch im ersten Teil der Bibel, den Christinnen und Christen Altes Testament nennen, stehen Gebete. Besonders die Psalmen werden in christlichen Gottesdiensten gesprochen und es gibt ganz verschiedene. Aber sie richten sich alle an Gott.

Wie beten?

Gebete gibt es in vielen Religionen. Das sind vor allem Religionen, die sich Gott so vorstellen, dass man Gott ansprechen kann. Die Gebete dieser Religionen unterscheiden sich darin, was und wie genau gebetet wird, aber es gibt auch Gemeinsamkeiten.

Es gibt nicht den einen Ort oder die eine Zeit für ein Gebet. Morgens, vor dem Essen, vor einer Klassenarbeit, beim Schlafengehen, in einer Kirche, in Klöstern, in der Natur, zu Hause, geplant, spontan, regelmäßig, alleine oder gemeinsam – das alles können Situationen für Gebete sein. Als Christin bin ich mit meinem Gebet aber nie allein, denn ich bete auch immer für andere und andere für mich.

Beten tun wir immer mit unserem ganzen Körper. Je nachdem, was ich Gott sagen will, kann ich eine andere körperliche Haltung einnehmen: Wir können beim Beten knien, weil Gott so groß ist und wir Gott anbeten. Wir können stehen, weil Gott uns aufrichtet. Er hat uns als eigenes Abbild geschaffen und in seiner Schöpfung zum Partner gemacht, dafür loben wir Gott. Wir stehen an Gottes Seite und danken Gott. So können wir auch singend beten. Wir können sitzen, um ruhig in uns hinein und auf Gott zu hören. Oder wir bewegen uns und sprechen unser Gebet mit dem ganzen Körper, um eine Bitte auszudrücken: Vielleicht hast du schon erlebt, wie Christinnen und Christen das Vaterunser mit Bewegungen beten? Oder ein Gebet getanzt wurde? Auch wenn wir Gott unser Leid klagen, schwingt unser ganzer Körper mit. Wenn ich mich zum Beten auf den Boden lege, gebe ich mich ganz in Gottes Hand. Eine besonders bewegte Form des Gebets kennen wir von Musliminnen und Muslimen, die fünf Mal täglich mit den immer gleichen Bewegungen das Salāt (Ritualgebet/Pflichtgebet) sprechen. Bei einer anderen muslimischen Gebetsform, dem Bittgebet Duʿā', werden die Hände erhoben.

Auch unsere Arme und Hände gehören beim Beten dazu: Wir bekreuzigen uns vielleicht zu Beginn und am Ende, wir legen die Hände aufeinander oder falten sie, wir strecken sie nach oben, vorne oder offen zur Seite. Wir legen sie auf unsere Beine oder formen sie zu einer Schale vor uns. Die Arme können auch wie zum Schutz vor der Brust gekreuzt werden, um Demut oder Verletzlichkeit auszudrücken.

Manche Gebete brauchen gar keine Worte, sondern nur meine Aufmerksamkeit: Wenn ich meinen Kindern mit dem Daumen ein kleines Kreuz auf die Stirn zeichne, ist das ein Segensgebet. Wenn ich staunend durch die Natur wandere, kann das ein Lobpreis an Gott sein. Auch eine Kerze anzuzünden kann Beten sein.

Meditieren kann eine besondere Form des Gebets sein, um Körper, Geist und Seele in Einklang zu bringen und für Gott offen zu sein. Beim Meditieren kann man ganz still und in Ruhe sitzen und atmen – oder sich mit Ritualen, Haltungen und Übungen aus dem Yoga intensiv bewegen.

In manchen Religionen bereiten die Menschen sich und den Gebetsort vor: Sie waschen sich auf eine bestimmte Art und Weise, benutzen eine Unterlage, legen besondere Kleidung an. Muslimische Gebete werden so gesprochen, dass der Körper in Richtung Mekka – einer Stadt in Saudi-Arabien, die im Islam sehr wichtig ist – ausgerichtet ist. Manche Juden tragen zu bestimmten Gebeten einen Tallit, einen besonderen

Gebetsmantel aus einem rechteckigen Stoff mit blauen Streifen. Zu anderen Gebeten legen sie Gebetsriemen um Kopf und Arm. Katholische Christinnen und Christen beginnen ihr Gebet meist mit einem Kreuzzeichen: »im Namen des Vaters, des Sohnes und des Heiligen Geistes«. Während sie diese Worte sprechen, zeichnet ihre rechte Hand ein unsichtbares Kreuz von der Stirn zum Brustkorb und von der linken zur rechten Schulter.

In einigen Religionen gibt es auch Gebetsketten, die Betenden dabei helfen, Gebete, die oft hintereinander wiederholt werden, zu zählen: zum Beispiel den katholischen Rosenkranz, orthodoxe Gebetsketten für das Jesus-Gebet, buddhistische und hinduistische Mala-Ketten aus 108 Perlen oder im Islam die Misbaha (sie wird auch Subha oder Tesbih genannt). Auch Bilder oder Statuen, wie christlich-orthodoxe Ikonen oder Statuen in Tempeln oder Kirchen, können für Gebete gebraucht werden.

Hast du schon einmal bunte, mit besonderen Schriftzeichen eng beschriebene Fähnchen an einer Girlande an einem Haus oder auf einem Berg hängen sehen? Auch das sind Gebete! Im tibetischen Buddhismus werden so die Gebete vom Wind in den Himmel getragen. Ähnlich funktionieren Gebets-»Mühlen«: Das sind kleine oder auch ganz große aufrecht stehende Walzen, auf denen Gebete stehen. Werden sie gedreht, ist das ein Gebet.

Was passiert, wenn ich bete?

Ein Gebet ist keine Zauberformel, mit der ich bewirken kann, dass die Welt sich schlagartig verändert. Gebete funktionieren auch nicht wie ein Wunsch-Automat, in den ich nur genug Gebete einwerfen muss, damit etwas so wird, wie ich es möchte. Und Gebete sind keine Versicherung, mit der ich mich oder andere vor schlimmen Dingen schützen kann. Beten ist ein »Ja«-Sagen zu Gott. Laut schreiend oder vorsichtig flüsternd sage ich Gott mit meinem Gebet, dass ich mein Leben mit ihm leben möchte. Dass ich auf Gott vertraue und auf seine Hilfe setze. Damit gebe ich nicht die Verantwortung für mein Leben ab, aber ich lege einen Teil meines Lebens, den ich nicht bestimmen kann, in Gottes Hand.

Ich glaube, dass Gott meinen Namen in seine Hand eingeschrieben hat. (Das steht in der Bibel im Buch Jesaja 49,16.) Dass ich immer Teil seiner unendlichen Liebe sein darf. Und dass ich nie allein bin, weil Gott immer an meiner Seite ist.

Aber es gibt Situationen, in denen denke ich nicht bewusst daran, dass Gott für mich da ist: wenn ich traurig bin, wenn ich mich wegen etwas sorge oder sogar in Not bin, aber auch wenn ich überglücklich bin. In allen Situationen kann ich beten, um mich bewusst daran zu erinnern, dass Gott für mich da ist: Ich falte meine Hände und nehme damit quasi mein unsichtbares Handy in die Hand, mit dem ich Gott anrufe, eine Nachricht spreche oder schreibe. Gott ist so immer für mich erreichbar. Und das hilft mir.

Wenn ich bete, rechne ich nicht damit, dass Gott mir antwortet. Ich habe jedenfalls noch nie eine direkte Antwort bekommen. Aber ich bete so, dass Gott antworten könnte, weil ich mir – auch wenn es manchmal nur ganz kurz ist – Zeit für ihn nehme.

Wenn ich in einer blöden Situation bin und nicht weiß, was ich tun kann, um wieder rauszukommen. Oder wenn ich will, dass sich was ändert, aber nicht weiß, was ich dafür tun kann. Dann gibt es eine Sache, die ich als Erstes immer tun kann: Ich kann ein Gebet sprechen. Das ändert die Situation nicht direkt. Aber es macht mich stark, weil ich dann eben doch etwas tue, nämlich beten. Und weil es mich daran erinnert, dass ich glaube, dass Gott immer für uns da ist.

Beten hilft mir. Aber ich bete nicht, damit Gott mir hilft, sondern weil ich so mein Leben mit Gott teilen kann.

Ganz am Ende möchte ich ein Gebet mit euch teilen, das mich besonders daran erinnert, dass der Gott, an den ich glaube, für mich und für alle Menschen da sein möchte. Es ist ein sehr altes Segensgebet, das ich für mich angepasst habe. Du kannst es für dich und andere Menschen sprechen:

Ich wünsche dir, dass Gott dich immer gut begleitet:

Gott soll vor dir hergehen, damit du einen guten Weg findest.
Gott soll neben dir hergehen und dich in den Arm nehmen.
Gott soll hinter dir hergehen und dich stützen.
Gott soll unter dir sein, damit du aufgefangen wirst, wenn du fällst.
Gott soll Raum in dir haben, um dich zu trösten, wenn du traurig bist.
Gott soll um dich herum sein, um dich zu schützen.
Gott soll über dir sein und dich segnen.

ZUM WEITERDENKEN UND WEITERFRAGEN:

- Welche Gebete kennt ihr? Hat jemand von euch vielleicht ein Lieblingsgebet? Wisst ihr, woher es kommt? Kennt jemand von euch auch ein Gebet in einer anderen Sprache?
- Probiert gemeinsam verschiedene Körperhaltungen für eure Gebete aus: stehen, sitzen, knien, vielleicht auch liegen? Die Hände falten, aufeinanderlegen, ausstrecken, auf die Beine legen oder zu einer Schale formen? Es gibt noch viel mehr Möglichkeiten. In welcher Gebetshaltung fühlst du dich wohl?
- Betest du gerne? Was magst du daran – was stört dich? Überleg dir, was du ändern könntest, damit es dich nicht mehr stört.
- Zu wem beten die Menschen, die du kennst? Beginnen sie ihre Gebete alle mit »Lieber Gott ...« oder fangen sie anders an?

Die Autorinnen und Autoren

Chiara Barale wächst zweisprachig auf, geht in die 10. Klasse und tanzt gerne Ballett. Sie ist Ministrantin, Mitglied in der Mediations-AG ihrer Schule und trifft sich gerne mit ihren Freundinnen.

Albert Biesinger arbeitete viele Jahre an der Universität Tübingen und beschäftigte sich dort als Professor für Religionspädagogik damit, wie Eltern und Kinder in der Familie Gott entdecken können. Deshalb hat er mit anderen gemeinsam auch einen eigenen Weg zur Vorbereitung auf die Erstkommunion entworfen: »Gott mit neuen Augen sehen«, wo Eltern und Kinder gemeinsam vieles über Gott lernen und erfahren. Ihm ist es wichtig, auch »über den Tellerrand hinauszuschauen«. So ist er oft bei armen Kindern in Elendsvierteln in Lateinamerika und hilft hier bei uns als Notfallseelsorger, zum Beispiel bei schweren Unfällen auf der Autobahn. Albert Biesinger ist verheiratet, hat vier Kinder und neun Enkelkinder.

Daniela Blum ist Professorin für Kirchengeschichte an der Universität in Aachen und forscht darüber, wie Menschen ihre Religion in den vergangenen Jahrhunderten gelebt haben. Bilder interessieren sie dabei besonders, schließlich spiegeln sich darin die Hoffnungen und Sehnsüchte von Menschen wieder. Und deshalb besucht sie auch sehr gerne Kirchen und Museen.

Dominik Blum arbeitet als Gemeindeleiter in der Pfarreiengemeinschaft Artland. Dort hat er viel zu tun und zu organisieren und die Menschen wenden sich mit vielen Fragen zum Glauben und zum Zusammenleben an ihn. Am Frühstückstisch beim Gespräch mit seiner Familie und im Wald beim Spaziergang mit dem Hund kommen ihm die besten Ideen, wenn er über Gott und die Welt etwas aufschreiben will.

Reinhold Boschki unterrichtet als Professor Studentinnen und Studenten im Fach Katholische Religionspädagogik an der Universität Tübingen. Zu folgenden Themen forscht er besonders intensiv: Wie können schon Kindergartenkinder religiös lernen? Wie funktioniert Religionsunterricht in der Schule am besten? Wie können Menschen von unterschiedlichen Kirchen (z. B. katholisch, evangelisch, orthodox) oder verschiedenen Religionen (z. B. Judentum, Islam, Christentum, Hinduismus, Buddhismus) sich gegenseitig besser verstehen? Reinhold Boschki ist verheiratet und hat drei Töchter, die inzwischen erwachsen sind.

Ottmar Fuchs hat als Professor an der Universität Tübingen im Fach Praktische Theologie gearbeitet. Da ging es darum, was Glaube und Theologie mit dem Alltag der Leute zu tun haben. Ottmar Fuchs kommt aus Erlangen in Bayern (genauer gesagt: in Franken) und war zuerst Pfarrer in Nürnberg und Bamberg, bevor er Professor wurde. Eine Frage, die ihn besonders beschäftigt und auch jetzt im Ruhestand nicht loslässt, ist, warum es so viel Leid auf der Welt gibt. Was können wir dagegen tun? Und wie können Menschen zu Gott beten und ihm ihr Leid klagen? Auch fasziniert ihn, wie Dichter und Dichterinnen in ihren Geschichten und Gedichten von Gott reden und um eine bessere Welt ringen.

Edeltraud Gaus glaubt, dass Gott ihr Leben begleitet. Sie ist Christin und als solche begleitet und gestaltet sie religiöse Lernprozesse sowohl für Schüler:innen am Gymnasium als auch für junge Erwachsene an der Universität, die selber lernen wollen, wie religiöse Lernprozesse in der Schule begleitet und gestaltet werden können.

Matthias Gronover ist gerne draußen unterwegs. Er beobachtet gerne Vögel, am liebsten zusammen mit seiner Familie. Er erforscht den Religionsunterricht in der Berufsschule und bietet Religionslehrerinnen und -lehrern kluges Material an, das ganz nah am Leben der Schülerinnen und Schüler ist.

Claudia Guggemos hat in Tübingen und in Kalifornien, in Amerika, Theologie und Englisch studiert. Sie hat dann, nach ihrem Doktor in Theologie, als Pastoralreferentin in einer Kirchengemeinde und in der Jugendarbeit gearbeitet. Nachdem sie drei Kinder bekommen und noch mal zehn Jahre an der Universität mit Studierenden gelernt und geforscht hat, hat sie sich auf das Lernen mit Erwachsenen spezialisiert. Zuerst hat sie mit Mitarbeitenden in Kirchengemeinden (Pfarrern, Gemeindereferentinnen und anderen) gelehrt, und jetzt ist sie bei der Erwachsenenbildung (keb) und arbeitet mit allen, die etwas Neues lernen wollen in der Nähe von Reutlingen in Baden-Württemberg. Wer einen guten Vorschlag hat für ein spannendes Lernthema, kann ihr einfach schreiben und sie (er) findet einen Weg, wie man zu diesem Thema gemeinsam mit anderen etwas lernen kann (guggemos@keb-rt.de).

Rebekka Guggemos ist acht Jahre alt und geht in die zweite Klasse. Sie singt, bastelt und spielt gerne, liebt ihre Freunde und ihre Puppen und ist sehr kreativ

Bernd Jochen Hilberath hat sich schon in seiner Kindheit sehr für das interessiert, was Menschen glauben. Für ihn war klar, dass es Gott gibt, auch wenn er manchmal ein Geheimnis ist. Um das besser zu verstehen, hat er Theologie studiert. Schließlich ist er Professor geworden, damit er seine Erfahrungen und Ideen weitergeben kann. Er ist verheiratet und Vater von vier Kindern und Großvater von sieben Enkeln.

Simone Hiller ist Lehrerin an einer beruflichen Schule (das ist eine Schule für ältere Jugendliche, die sich schon auf einen Beruf vorbereiten). Außerdem untersucht sie an der Universität Tübingen mit anderen, wie ein guter Religionsunterricht an beruflichen Schulen sein sollte. Sie macht sich auch Gedanken über einen Religionsunterricht für muslimische Kinder und Jugendliche in Deutschland.

Lamya Kaddor ist Bundestagsabgeordnete für Bündnis 90/Die Grünen, das bedeutet sie wurde von Wählerinnen und Wählern als politische Vertreterin gewählt. Bevor sie in der Politik engagiert war, hat sie Islamwissenschaften und Erziehungswissenschaft studiert und als Lehrerin gearbeitet. Lamya Kaddor hat außerdem ein wichtiges Buch über sich und ihren Glauben geschrieben, es heißt »Muslimisch, weiblich, deutsch«.

Helga Kohler-Spiegel ist in Dornbirn geboren, in einer kleinen Stadt im Westen Österreichs, nah an der Grenze zu Deutschland und zur Schweiz. Nach der Schulzeit hat sie Theologie und Pädagogik studiert und an verschiedenen Schulen und Universitäten unterrichtet. Jetzt ist sie Professorin für Human- und Bildungswissenschaften an der Pädagogischen Hochschule in Vorarlberg, da geht es um Wissen rund um den Menschen und um Bildung. Denn an der Hochschule bildet sie Lehrerinnen und Lehrer aus. Außerdem arbeitet sie als Psychotherapeutin: Da kümmert sie sich um Erwachsene und um junge Menschen, die Probleme mit sich und ihrem Leben haben. Denen versucht sie zu helfen, in ihr Leben zurückzufinden.

Julia Münch-Wirtz unterrichtet als Lehrerin Schülerinnen und Schüler an einem Gymnasium. Gleichzeitig ist sie auch wissenschaftliche Mitarbeiterin im Fach Katholische Religionspädagogik an der Universität Tübingen, wo sie Studierende unterrichtet. Als Schuldekanin führt sie Fortbildungen für Religionslehrpersonen durch und berät und begleitet diese. Sie beschäftigt sich dabei mit solchen Fragen: Wie kann Religion Menschen in Leidsituationen unterstützen? Wie sieht der Religionsunterricht der Zukunft aus? Wie können Schülerinnen und Schüler über andere Religionen lernen? Julia Münch-Wirtz ist verheiratet und hat zwei Töchter.

Rainer Oberthür ist Dozent für Religionspädagogik, also ein »Lehrer für Religionslehrerinnen und Religionslehrer«. Seit über 30 Jahren arbeitet er beim Katechetischen Institut des Bistums Aachen und bietet Tagungen mit neuen Ideen für den Religionsunterricht an. Als Autor hat er über 30 Bücher zu den großen Fragen des Lebens und Glaubens für Kinder und Erwachsene geschrieben. Sein »Buch vom Anfang von allem« geht der Frage nach, warum es etwas gibt und was Naturwissenschaften und Bibel dazu sagen. Im Buch »Was glaubst du?« (mit 16 Liedern auf CD) hat er 20 Briefe von 9- bis 13-jährigen Kindern beantwortet. Er ist begeistert von den klugen Fragen und Gedanken, die Kindern einfallen. Rainer Oberthür lebt mit seiner Frau in Aachen und hat zwei erwachsene Kinder. Mehr zu sehen, hören und lesen gibt es hier: www.rainer-oberthuer.de

Sabine Pemsel-Maier lebt in Freiburg und arbeitet dort als Professorin an der Pädagogischen Hochschule. Dort unterrichtet sie junge Menschen, die später Religionslehrerinnen und -lehrer werden wollen. Die Studentinnen und Studenten lernen bei ihr, was es zu wichtigen Themen des christlichen Glaubens zu sagen gibt: Gott – Jesus Christus – die Schöpfung – die Kirche – was nach dem Tod kommt und vieles mehr. Sie zeigt ihnen auch, wie man guten Unterricht macht. Früher war sie selbst einmal Lehrerin an einem Gymnasium. Besonders interessiert sie sich für die Frage, welche Theologie Kinder von heute brauchen. Wichtige Anregungen geben ihr dazu ihre Patentöchter.

Teresa Schweighofer lebt in Berlin und arbeitet an der Universität als Professorin für Praktische Theologie. Sie beschäftigt sich dabei mit Ritualen und Festen sowie damit, was Menschen brauchen, damit sie in unsicheren Zeiten ein gutes Leben führen können. Sie unterrichtet zukünftige Religionslehrer und Religionslehrerinnen und hat früher auch selbst Religion unterrichtet. Teresa kommt aus Österreich, genauer aus der Steiermark im Südosten von Österreich. Dort leben auch ihre Neffen Jakob und Maxi. Wenn sie bei ihnen zu Besuch ist, verbringen sie die gemeinsame Zeit gerne mit Spielen, manchmal auch mit Fußball. Wenn ein Fußballmatch ansteht, feuert sie die beiden begeistert vom Spielfeldrand aus an.

Friedrich Schweitzer arbeitet an der Universität Tübingen. Er bildet Studentinnen und Studenten aus, die später Pfarrer oder Religionslehrer:innen werden wollen. Er hat drei Kinder, die jetzt schon ziemlich groß sind, von denen er aber viel gelernt hat. Immer wieder hat er sich mit religiösen Fragen und Interessen von Kindern beschäftigt. Deshalb hat er auch ein Buch über »Das Recht des Kindes auf Religion« geschrieben. Er findet es sehr wichtig, dass die Kinder jemanden haben, mit dem sie ihre »großen Fragen« besprechen können.

Helena Stockinger ist Professorin für Religionspädagogik an der Katholischen Privat-Universität Linz. Sie hat Katholische Theologie, Psychologie, Philosophie und Religionspädagogik studiert. An der Universität forscht sie zu unterschiedlichen Themen. Ein besonderes Anliegen ist ihr, zu überlegen, wie es gelingen kann, in Vielfalt friedlich und gerecht zusammenzuleben. Sie interessiert sich dabei besonders dafür, was Kinder und Jugendliche denken. Außerdem unterrichtet sie Personen, die später Lehrer:innen werden wollen.

Levi Israel Ufferfilge ist 1988 im ostwestfälischen Minden geboren und hat Jüdische Studien und Jiddistik – das ist die Wissenschaft, die sich mit der jiddischen Sprache und Literatur beschäftigt – studiert. Einige Zeit war er Schulleiter des Jüdischen Gymnasiums München und später von der jüdischen Masorti-Grundschule in Berlin, konzentriert sich aber nun auf sein Studium zum Rabbiner und seine Doktorarbeit. Darüber, wie es für ihn ist, als Jude in Deutschland zu leben und erkannt zu werden schreibt er auf Twitter und Facebook und in Büchern und Zeitschriften. Viele Menschen lesen, was er schreibt.

Albert Biesinger
Helga Kohler-Spiegel
Simone Hiller
Warum haben wir sonntags frei?
Wissen rund um religiöse Feste
Kinder fragen – Forscher und Forscherinnen antworten
Kösel
Albert Biesinger
Helga Kohler-Spiegel
Simone Hiller
Warum dürfen Adam und Eva keine Äpfel essen?
Kinderfragen zur Bibel – Forscherinnen und Forscher antworten
Albert Biesinger
Helga Kohler-Spiegel
Simone Hiller
Gibt es ein Leben nach dem Tod?
Kinder fragen – Forscherinnen und Forscher antworten
Kösel

Völlig neu und aktualisiert – der Kommunionkurs für die ganze Familie

Der Bestseller unter den Kommunionkursen richtet sich an der Lebenswirklichkeit moderner Familienstrukturen aus, liefert Anregungen für Familiengespräche und alltagstaugliche Rituale. Zusätzliches Download-Material bietet vielfältigste Möglichkeiten, die Kommunionvorbereitung individuell zu gestalten.

Bernd Hillebrand, Albert Biesinger, Reinhold Boschki, Barbara Berger,
Herbert Bendel, Stefanie Hocker, Jörn Hauf, Sarah Weber
Gott
mit neuen Augen sehen
WEGE ZUR ERSTKOMMUNION
FamilienBeziehungsBuch
Kösel
Komplett überarbeitete Neuausgabe